大都會文化
METROPOLITAN CULTURE

大都會文化
METROPOLITAN CULTURE

大都會文化
METROPOLITAN CULTURE

大都會文化
METROPOLITAN CULTURE

人生中的減法

代序

人生的目標是什麼？

人生的目標是賺錢。

人生的目標是吃喝玩樂。

人生的目標是做官發財……。

人生的目標是家庭，是責任。

人生的目標是事業，是榮譽，是正直，是良心。

人生中有苦悶、迷惘，甚至墮落。

還好，我們還有清醒！

Chapter One

第一章 聰明人要敢於做減法 11

Chapter Two

第二章　無慾則剛　63

Chapter Three

第三章　有一種愛叫放手　103

Chapter Four

第四章 學會遺忘

Chapter Five

第五章 化繁為簡 219

Chapter Six

第六章　佛門中的捨與得　265

第一章
聰明人要敢於做減法

「空杯心態」並不是一味地否定過去，而是要懷著一種否定或者放空過去的態度，去融入新的環境，對待新的工作，新的事物。做事的前提是先要有好的心態，如果想學到更多學問，就要先摒棄驕傲自滿的心態，把自己設定為「一個空著的杯子」。

空杯心態

心理學裡有一種心態叫「空杯心態」。何為「空杯心態」？我們不妨先來看一個故事：

古時候一個佛學造詣很深的人，聽說某個寺廟裡有位德高望重的老禪師，便去拜訪。老禪師的徒弟接待他時，他態度傲慢，心想：我是佛學造詣很深的人，你算老幾？後來老禪師十分恭敬地接待了他，並為他沏茶。可在倒水時，明明杯子已經滿了，老禪師還不停地倒。他不解地問：「大師，為什麼杯子已經滿了，還要往裡倒？」大師說：「是啊，既然已滿了，為何還倒呢？」禪師的意思是，既然你已經很有學問了，為何還要到我這裡求教？

這就是「空杯心態」的起源。我們每個人的心，就像這個茶杯，如果裝滿了自以為重要的東西，如利益、權力、知識亦或是成就、經驗、功績等，便再難裝入更多的東西，自然也就談不上超越和進步。

如果想學到更多的學問，想要擁有更多，請先把自己「倒空」，使自己成為一個「空著的杯子」，這樣我們才有足夠大的空間來容納更多的學問，才能擁有的更多。

「空杯心態」並不是一味地否定過去，而是要懷著一種否定或者放空過去的態度，去融入新環境，對待新工作、新事物。這是一種對工作、學習、生活的放空，做到吐故納新。放得越空，擁有越多。只有倒掉心中盛滿的，才能讓心靈甚至整個生命重生。「此空為彼滿」，「放棄是為了更深一層的擁有」。

功夫巨星李小龍也非常推崇這句話，說：「清空你的杯子，方能再行注滿，空無以求全。」

林語堂先生有過這樣精闢的高論：「人生在世——年幼時認為什麼都不懂，大學時以為什麼都懂，畢業後才知道什麼都不懂，中年又以為什麼都懂，到晚年才覺悟一切都不懂。」此乃「空杯心態」的最完美體現。

身在職場的員工們需要空杯。將心裡的「杯子」倒空，將自己所重視、在乎的很多東西以及曾經輝煌的過去從心態上澈底清空。只有將心倒空了，才會有外在的鬆手，才能擁有更大的成功。這是每一個想在職場發展的人所必須擁有的最重要心態。

優秀者與成功者更需要空杯。因為高學歷、成功、優秀、名聲、地位，就像給他們鍍了一層「金」。但也正是這層「金」，讓他們不免沾沾自喜，得意忘形，甚至停滯不前或是倒退。如我曾看到的，一個經濟學博士的經歷。

這位經濟學博士很有學識。但是，讓人難以理解的是，在他畢業後的三年裡換了好幾間公司，每次都因為這樣或那樣的原因待不下去，最後辭職。

剛開始時，應聘公司一聽說他是博士頭銜，都爭相聘請他。於是，他選擇了其中不錯的一家公司。但剛到公司第一天，他就頗不滿意。因為沒有專人接待，只有一位同事幫他安排住宿。他有種受冷落的感覺，心中有些忿忿不平，覺得自己一個博士，居然一點都不受重視。帶著這種情緒開始工作，自然就免不了處處挑剔。這樣一來，手中的工作也遲遲沒有進展。就這樣過了三個月，公司對他的態度急轉直下。因為沒有創造出價值，他的能力也開始遭受到質疑。不僅如此，因為過於驕傲不合群，同事也疏遠他，不願和他一起做事。

後來公司將他安排到新成立的分公司當經理，這家公司是和別人合作的，對方出技術，他們公司出錢。可在雙方合作中，他的態度始終非常高傲。他認為那樣的技術很平常，哪裡都找得到，於是常常流露出瞧不起對方的樣子。最後，雙方的合作沒有成功，大家不歡而散。分公司也因為他不善管理，沒有創造效益而被撤銷。這樣一來，他自然也被公司辭退了。

後來他又到了另外一家公司當部門經理，吸取了上次的教訓，這次他對誰都很客氣，但從骨子裡，他還是誰也瞧不起。抱著這樣的心態，工作自然還是做不好。沒多久，他又一次被辭退。之後，他又去過幾家公司，但每次都是大同小異，過不了幾個月就被辭退。

他很苦惱，他不明白自己工作非常努力，可為什麼單位總是對他先熱後冷，最後一點也不認可他呢？

這時他遇到了他的一位老師，並向老師訴說了他的遭遇。他的老師聽完後告訴他：「你的心太滿了，整天活在『經濟學博士』的光環中，被光環給葬送了。你從來沒有空下心來，仔細想想職場發展的基本規則是什麼。」

經過老師的指導，這位經濟學博士終於明白：「職場發展的基本規則就是重視使用價值，凡是能體現自己使用價值的地方，就該努力去做；凡是影響自己發揮使用價值的地方，不管是觀念、個性，還是其他方面，都要盡力排除。一句話，要『倒空』自己，輕裝上陣，最大體現自己的使用價值！」

從那以後，他讓自己成了一個徹底的「空杯」，一改過去高高在上、咄咄逼人的個性，也沒有了懷才不遇、怨天尤人的情緒，而是一心變得腳踏實地，處處為公司著想，發揮自己的才能去為公司創造價值，並處理好與方方面面的關係。

現，他已經是家上市公司的常務副總裁，成為一個在方方面面，很受歡迎的高級管理者。

優秀者與成功者應明白：優秀和成功只代表過去，要永創一流，就必須時刻「空杯」，這是能夠確保永久一流的唯一選擇！

「空杯心態」的獲得，往往有一個過程。首先，不要故步自封，更不要固執己見，為了得到正確的結論，獲得最好的發展，我們必須保持心靈和思維的開放性！向新的可能性開放，就會有新的思路和機會產生。

有了心靈的開放，「空杯」就有了基礎。但是，光有開放還不夠，還須要往前走，也就是放下，和那些束縛自己、阻礙自己發展、讓自己沉重的包袱告別，包括金錢、地位、面子、貪愛以及仇恨等。放棄往往是艱難而痛苦的，它意味著我們要寬容、不再計較，要向曾經習慣、熟悉甚至依賴的東西告別。但對於一個強健的心靈而言，沒有什麼是放不下的。

我們強調要有「空杯心態」，但並不是為空杯而空杯，恰恰相反，倒空自己，為的是創造更大的輝煌。重生的過程雖然艱難，類似於鳳凰涅槃、化蛹為蝶，但對於一個不斷超越的心靈而言，卻是最值得我們去努力的！

人生感悟

仔細想之，空杯心態其實是一種境界，一種人生觀。擁有空杯心態的人，才能認識到，曾經的鮮花和掌聲不能決定你的現在，更不能決定你的未來。越是優秀的人，越要「倒空」自己，學會彎腰。將自己放小，世界就會變大。

敢於把輝煌「歸零」

前些日子，我家的電腦不怎麼好用了，速度慢，畫面顯示也出現了重疊，還出現死當現象。找了個懂電腦的朋友幫忙，朋友說：「對系統進行清空，恢復原始狀態，就完好如初了。」試試果然如此！由此使我聯想到：除去垃圾文件，使其處於「歸零」狀態，騰出硬碟空間以容納新的文件，這是實用技術的要求，同時也是人生、生活之必然。

茶杯舊茶清空了，才能重新裝入新茶水。

聯想集團董事長楊元慶的成長經歷，正是「澈底空杯迎來超速發展」的生動寫照！

進入聯想後，由於工作出色，楊元慶很受當時的董事長柳傳志器重，不少人已經隱隱看出來，他被柳傳志作為接班人在培養。

面對工作上的成就和上級的支持，楊元慶雖談不上很驕傲，但難免有些自以為是，當自己的看法和別人不一致時，不太懂得讓步，結果與其他一些高層之間的矛盾加劇，而他並沒有覺察到。

於是有一次，柳傳志在大庭廣眾之下狠狠批評了他。這可是從來沒有過的，楊元慶難以接受，甚至當場就哭了。晚上回家後，他準備寫辭職信。

但最初的衝動過後，他冷靜下來，認真反思了自己。最後他終於想通了，覺得柳傳志對自己的批評是對的，這不僅是為公司負責，也是為自己負責。於是，他撕掉辭職信，改寫了一封檢討書。

從辭職信到檢討書，這是一次十分澈底的「歸零」。

通過這次「歸零」，楊元慶開始對自己提出了更高的要求，最終成為了聯想的董事長。

一個已經成功的人，一個已經輝煌的企業如果不能「空杯歸零」，極有可能陷入失敗的境地。如果將自己放小，那麼世界就會變大。當心中裝滿了自己，就不會有容納別人的地方，世界當然就會很小。而將自己放小，所有的人和事都能容下，世界自然就會變大。要做到這一點，就須要「倒空」自我，只有這樣，才能實現更好的自我。

而事實上，很少有人能夠拿出足夠的勇氣讓自己從高處走下來，從輝煌中走出來，將輝煌視為過去，將自己歸零，重新開始。但是，現實生活中並不乏急流勇退，敢於將輝煌歸零的人，而能夠做到這點的，大多是有著大智慧的人。

當「百度」極其輝煌之時，已是「百度」CTO（首席技術官）的劉建國又一次選擇了歸零，從百度出來，自己創業，創辦生活搜索引擎「愛幫網」。「雖然艱辛忙碌，但其中卻有價值和成就感。」劉建國微笑著說。這是為了心裡的衝動，渴望去做一些有影響力，對人們，甚至對社會有價值的事情。

談到創辦「愛幫網」的初衷，劉建國表示是「出於對人們生活的關懷」。網際網路在短短十幾年間已經極大地改變了世界的面貌和人們的行為。然而，這種改變主要集中在商業和娛樂上，比如信息獲取、人際交流的方式、各種娛樂資源。但是，對於每日都在持續的繁瑣生活，網路能提供的幫助其實還很小。

「當你需要在衣食住行、吃喝玩樂、教育升學、家政、保姆、裝修房屋等這些生活瑣事上尋求幫助時，你會發現網路對此幫助甚微。」劉建國敏銳地覺察到，網路上關於日常生活的信息本來就不充足，而且散落在各個網站角落之中，缺乏有效的搜尋手段，不能迅速地將生活需求和有效的生活信息匹配起來。

正是因為看到了這一點，劉建國毅然選擇走出「百度」，走出輝煌，創辦「愛幫網」，開始自己人生中的另一個新的事業。

「歸零」是事物發展的必然狀態。不會歸零就不會創新和循環壯大，人生沒有「歸零點」就不會有新的「生長點」。「歸零」也是空杯的另一種表述，嚴格意義上說，它是空杯的「極致」體現，是讓自己最完全、最徹底地空杯。

學會心態「歸零」，學會放棄。過去的輝煌是暫時的光環，也是永久的束縛；過去的罪惡是暫時的醜陋，也是永久的內疚和自卑。無論過去有多少輝煌，也無論有多少失敗或罪惡，放棄而達到了「歸零」的狀態，就會鑄造新的輝煌。

二〇〇〇年末被《中國青年》雜誌評選為「可能影響二十一世紀中國的一百位青年人物」的《南風窗》雜誌總編秦朔，就把「歸零心態」作為自己成功的原因之一。

平安保險公司董事長兼總經理馬明哲先生也特別喜歡向每位員工倡導「學會歸零」：每一天都是一個原點，每一次工作都應從零開始，每天都應以一種嶄新的心態學習新東西。

「倒空」過去的優勢，才會創造新的優勢；越能走出「光環」，就越能創造事業的輝煌；越不崇拜自己的優秀，越能求得職場的發展。一個人只有擺脫了歷史的束縛，才能不斷地進取，才能創造更加精彩絢麗的輝煌。

人生感悟

「把自己歸零」是一種破釜沉舟的勇氣。將自己置於一種背水一戰的境地，只有自己拚命鼓勁，搖搖晃晃地向前奔跑，才能減少自己落後而被淘汰的命運，所以要不停地跑，以確定自己的優勢地位。

「把自己歸零」是一種智慧，是一種勇氣的搏擊。

「把自己歸零」不是一次或幾次的行為，而應該成為一種常態，是延續不斷、時刻要做的事情。

聰明人勇於做減法

有一個人在一家公司工作了很多年，隨著公司的日漸發展和壯大，他也從一名普通的銷售人員逐漸成為公司的棟樑，並做到公司的銷售部門經理職位，他所帶領的銷售團隊，幾乎每年都是公司的銷售冠軍。

由於他多年來對公司的忠誠及對公司做出的巨大貢獻，在一次績效考核之後，總經理和人力資源部門商議要將他提升為公司的副總，負責管理公司的所有營銷工作。當總經理就此事找到他進行談話時，沒想到他竟然婉言拒絕了這次提升。

朋友們都認為這是一次很難得的晉陞機會，不理解他為什麼要拒絕，紛紛開導他要抓住這次機會。但是他卻回答說：「我並不是不想升到人人羨慕的副總職位，也並不是不願意得到更高的薪酬，更不是就想在部門經理的位置上了此一生、不思進取。雖然在銷售領域內我表現得如魚得水，而且對銷售團隊的管理也算稱職，可是一旦讓我統一管理公司的所有營銷工作，那我就會感到捉襟見肘了……」

朋友以為他不自信，勸他要對自己有信心，他說：「哥兒們，不是不自信！是因為咱們已經不是愣頭兒小夥兒了，要知道『有所為，有所不為』。」

後來，這個人不僅自己沒有走上副總的崗位，而且向公司推薦了他認為更合適的人選。果然他推薦的人在當上公司的副總後，工作做得有聲有色。而他仍然從事銷售管理工作，只不過他已經不再是一名銷售經理，而是一名負責總公司銷售團隊培養和建立的副總了，在這一職位上他做得仍然是那麼得心應手。

這個故事啟發我們：在職場生涯中，應該做好加法與減法。

初入職場，很多人期望把自己錘煉成萬能的多面手，天真地以為自己有能力可以把每一件事情都做好，於是帶著某種新奇，意氣風發地對各種領域發起衝擊。直到一次又一次地碰壁，才不得不去接受這樣一個事實：人生中的比較優勢可能只有一項或兩項。但是並不需要為此而沮喪，在失敗和挫折中認識自己的比較優勢就是人生的一個去粗取菁的過程。這個時候，我們會發現，想讓自己脫穎而出，須要把自己的精力在事業領地上投射的大大的光圈凝聚成一個切實的焦點。

世界上最著名男高音歌唱家帕華洛帝在歌唱領域取得了很大成就，當回顧自己的成功之路時，他曾經提到這樣一件事情：他小的時候非常喜歡唱歌，並在歌唱方面表現出了一定的天賦。可是，因為種種原因，他沒能在一開始就進入專門的學校學習聲樂，而是成為一所師範院校的學生。當讀完師範院校的課程從那裡畢業之時，他十分苦惱。他想要認真學習唱歌，並希望在歌唱領域做出一番成就，可是又不忍心放棄教師這樣一份收入穩定而且待遇優厚的工作。他想邊做教師邊用業餘時間唱歌，並把自己的這一想法與父親說了。

父親聽到他的想法後，對帕華洛帝說：「孩子，如果你想同時坐兩把椅子，你只會掉到椅子中間的地上。在生活中，你必須學會放棄一把椅子。」聽到父親的話之後，帕華洛帝決定為自己選擇歌唱這把「椅子」。最終，他在歌唱領域獲得世人的認可，取得巨大成就。

所有的這些，讓我不禁想起在《於丹〈論語〉心得》中讀到過的一段話：「一個人在三十歲以前是用加法生活的，就是不斷地在這個世界上搜尋他所需要的東西，比如經驗、財富、情感、名譽。但是，物質的東西越多，人就容易迷惑。三十歲以後，就要開始學會用減法生活了，要學會捨棄那些不是你心靈真正需要的東西。」

「加」是一種探知，「減」是一種成長。只有真正把握了這「加」與「減」、「捨」與「得」的機理和尺度，才能做更好的自己，做更快樂更幸福的自己。聰明人勇於做人生的減法。

人生感悟

在我們的人生中，強為己有的東西並不會讓我們感到滿足和快樂，反而會成為一種壓力和負擔，攪擾我們平靜的生活。所以，我們在做什麼事情之前，不妨先問自己這樣兩個問題：我能不能做好、我能不能從中獲取快樂，然後再去想能從中得到什麼好處。

禪學的核心智慧是「空」

有一次，乾隆皇帝在朝廷上議畢正事，餘興未了，又想賣弄一下才學，於是笑問道：「眾愛卿，朕出個題目，誰能回答上來，賞他正午陪朕一起用膳。聽好了，世界上什麼人對你來說最重要？」

玉階下一陣被壓抑的騷動。過了一會兒，一位大臣奏道：「啟奏陛下，世界上最重要的人當然是您老人家！」

乾隆笑了，「是嗎？你回家之後，見到夫人小妾，燕語呢喃，還記得朕嗎？」

另一位大臣馬上出班搶奏：「小臣知道了，世界上對小臣最重要的人是夫人和家人。」說完，他用眼角的餘光瞟了兩眼左右大臣，心想你們嫉妒吧，中午那頓免費午餐老子搞定了。

乾隆笑得更響了：「那你是說，朕對你不重要？」

這一笑，對於那位大臣猶如五雷轟頂，膝蓋一軟，撲通跪倒，連叫：「皇上恕罪，皇上恕罪！」

「平身吧。」乾隆十分得意，「回答不了吧？我告訴你們，世界上對你最重要的人，是你身邊的人。在家，家人對你最重要；在朝廷，朕對你最重要。如果你不小心落到一夥強盜手裡，那時強盜對你最重要。所以說，遠親不如近鄰，鄰居總在你身邊嘛。」

這個故事其實是對禪學的一個生動闡釋。禪學可以說是用佛教語言表達的人生哲學，它的核心智慧是「空」。這個「空」，要重讀，是動詞，就是把你自己像一個杯子一樣徹底倒空。

不過，倒空了幹麻？裝什麼？裝當下。一切都是空的，只有當下是實的。身邊的人，就是當下的人。當下就是一切，所以，要把你的一切都傾注在當下。這就是禪學的精髓。因此，你當下所從事的事情，就是你人生的全部意義，要貫注你的全部心力。

其實，人生的痛苦是一定的，而人的胸懷卻可以有無限大。當我們的胸懷很小時，我們的痛苦就會很大。反之，如果我們的胸懷很大，人生的痛苦就會很小，甚至可以小到忽略不計……。

有個道理可能大家都很明白：要想裝更多的水，只有倒空杯子。人做學問也是這樣啊！只有我們將大腦裡面無用的東西全部倒空，才有空間裝更多的東西。

被譽為「經營之神」的松下幸之助，有一次因為很多問題不能解決，他感覺很苦惱，於是他就跑到寺廟去問一個老師父。

他說：「請問老師父，什麼叫作管理？」

老師父就拿起一個茶杯給松下幸之助，說：「你拿著。」

然後，老師父就提起一個茶壺往茶杯中倒，一直倒至茶溢出來。

松下問：「老師父，杯子不是滿了嗎？」

老師父說：「你知道杯子水滿了，你就懂得什麼叫管理。」

杯子要空的時候才有用，杯子如果滿了，它就沒有用了。

因此，作為一個管理者，要時時刻刻維持一個空杯子的狀況，才聽得進別人的意見，才能夠接受幹部的建議，才不會自以為是。

一個人要時常牢記，要把自己掏空以後，才有辦法裝進更多的東西。

人生感悟

杯子的容量是有限的，倒入杯子裡面的水達到一定量的時候自然會溢出來，這個道理十分淺顯。然而，在生活中，也許是因為太急功近利的緣故，經常會有人做一些揠苗助長的事，犯一些簡單的錯誤。

因此，隨時倒空自己，這樣才能接受更多的思想。

鬆開你緊握的手

一個人把手握緊，什麼都沒有，但把手張開就可以擁有一切。以退為進的道理誰都知道，可身體力行，還是困難的。

有一個故事說，在一個暴風雨的夜裡，你駕車經過一個車站。車站上有三個人在等巴士，其中一個是病得快死的老婦人，一個是曾經救過你命的醫生，還有一個是你長久以來的夢中情人。如果你只能帶上其中一個乘客走，你會選擇哪一個？

結果很多人都只選了其中一個選項，而最好的答案是「把車鑰匙給醫生，讓醫生帶老人去醫院，然後我和我的夢中情人一起等巴士」。

我們最容易犯的錯誤之一，就是抓住了什麼就不願意鬆手，就像那車鑰匙。這樣導致的結果，往往就是無法繼續成長、超越，導致因小失大、後退乃至更嚴重的錯誤產生。有時候，如果我們可以放棄一些固執、限制、利益，將自己「空」出來，我們反而可以得到更多。

有這樣一則故事：

一天，一個母親正在廚房裡做飯，忽然聽見從客廳裡傳來五歲的兒子非常恐慌的聲音：

「媽媽！媽媽快來呀！」

她一聽，不知道出了什麼事，趕快跑到了客廳。這才發現原來兒子的手卡在一個花瓶中出不來了，因此痛得哇哇直叫。

她想幫兒子將手從花瓶中拉出來，可試來試去就是不行。看著兒子臉上掛滿了淚水，她急壞了，於是找來一個錘子，小心翼翼地將花瓶敲破了。

費了很大的勁，兒子的手終於出來了。這時她看到兒子的小手緊緊握成了一個拳頭，怎麼也不鬆開。

她嚇壞了，想難道是孩子的手在花瓶裡卡得太久變了形？

等她將兒子的拳頭小心地掰開了，這才澈底鬆了口氣，孩子的手沒事，他的小手心裡緊緊握著的，是一枚一角錢的硬幣。

這讓她哭笑不得，因為剛剛被她敲碎的，是一個價值三萬元的古董花瓶。

原來，淘氣的兒子不小心將幾枚硬幣扔進了花瓶，他想把硬幣取出來，可由於緊緊握住硬幣的拳頭大過了瓶口，於是就怎麼也出不來了。

她不由問兒子：「你怎麼不把手鬆開，放下硬幣呢？那樣你的手就可以出來了，媽媽也就不必打爛這個花瓶啊！」

兒子的回答卻是：「媽媽，花瓶那麼深，我怕一放手，它就跑掉了啊！」

為一枚一角錢的硬幣，砸爛了一個價值三萬元錢的花瓶，這個故事聽上去未免太可笑了。

但笑過之後，大家卻一致認為：雖然這個故事是發生在一個五歲孩子的身上，但其實這種現象在成人身上也普遍存在——很多人尤其是一些職場中的人，正是由於將手中的東西抓得太緊，最後因小失大，甚至導致了悲劇的產生。

當然，他們手中緊抓的「硬幣」，並不是一角錢，而是其他很多在他們看來十分重要的東西，如：成就、權力、利益、面子、學識……。

我們是否想過：此時此刻，自己是否也抓著一枚或者幾枚硬幣捨不得丟棄，結果喪失了更大的機會與發展，甚至可能造成不應該的悲劇呢？

人生感悟

鬆手不僅十分必要，也是一種大智慧！成功也罷，失敗也罷，都需要鬆手和放下。只有放下，才有超越！把手握緊，裡面什麼都沒有；把手放開，你得到了一切！鬆開你緊握的拳頭，你會擁有更多。

吉姆·特納的「人生減法」

找點時間，找點空閒，在忙碌的塵世為自己覓得一份從容和閒適。給心靈放個假，讓紛飛的慾望重新凝聚成一泓單純的清泉；給頭腦洗個澡，讓詩意的棲息再次催生出一片思想的蘆葦；給自己放個假，還身心一個活潑似水的靈動空間。

四十歲的吉姆·特納繼承了擁有三十多億美元資產的萊斯勒石油公司，人們都以為新上任的總裁會大幹一番，他卻組建起一個評估團，對公司資產做了全面盤點，然後以五十年為基數，在資財總和中先減去自己和全家所需、社會應承擔的費用，再減去應付的銀行利息、公司剛性支出、生產投資等，最終發現還剩八千萬美元。

他從這筆錢中拿出三千萬，為家鄉建起一所大學，餘下的全部捐給了美國社會福利基金會。人們對他的舉動大惑不解，他說：「這筆錢對我已沒有實質意義，減去它就是減去了我生命中的負擔。」

在員工的印象中，永遠看不到吉姆·特納愁眉苦臉。加勒比海海嘯給公司造成一億多美元損失，吉姆·特納在董事會上依然談笑風生，說：「縱然減去一億美元，我還是比你們富有十倍，我就有多於你們十倍的快樂。」他的孩子在車禍中不幸身亡，他說：「我有五個孩子，減去一個痛苦，還有四個幸福。」

吉姆·特納活到八十五歲悄然謝世，他在自己的墓碑上留下這樣一行字：我最欣慰的是用好人生的減法！

不論對物質還是精神，人們歷來提倡不懈地追求、得到、積累，只有用加法聚合起的人生才會富有，但失去實質應用意義的富有卻會變成擁塞和負擔，如此說來莫不如學學吉姆·特納的生存法則：用好人生的減法！

用好人生的減法是一種智慧。減去了精神的負擔，人便輕鬆了、自由了，這種物質上的「捨」所帶來的精神上的「得」，是無以倫比、珍貴萬分的。

用好人生的減法是一種奉獻。人對社會、對他人的奉獻是多種多樣的，其中尤以錢財的「裸捐」為亮點。比爾·蓋茨受人讚譽，與他平時重捐，退時「裸捐」的大義之舉是分不開的。

用好人生的減法是一種境界。「人到無求品自高」。一個不為個人聚斂財富，只讓金錢造福世人者，追求的是「大我」，顯示的是「無我」，這般崇高的思想境界，真讓人高山仰止。

在社會不斷進步、文明不斷發展的今天，能用好人生的減法者，無疑是比較多的。領導幹部的楷模——孔繁森，因公殉職時，身上只有幾塊錢。重慶永川有位農民靠勤勞辦廠開店賺了十幾萬元，他將錢用來收養病殘棄兒，雖然自己一貧如洗，但仍一如既往地從事慈善事業。凡此種種在金錢上用「減法」者，在精神上卻獲得了「加法」的效果。對他們的義舉善行，世人無不敬佩。

「物質上無止境的追求，其結果都是對個人價值無止境地否定。」千萬不能當「錢奴」，更不能做「錢鬼」。掙錢不離正道，花錢講求效益，才會利己、惠人、有益社會。

學學吉姆．特納的「人生減法」論，正確處理好人生中加與減、得與失的辯證關係，對於提升人生價值和人格品位，肯定是大有裨益的。

人生感悟

減掉自己曾經的光環，勇敢地和過去告別。減去以前養尊處優的心態，讓自己白手起家。降低自己的高度，腳踏實地地攀登險途。減暗自己的亮度，沉靜平穩地付出。

做生活的減法讓生活的姿態靈動活潑起來，做人生的減法讓生命的韌性增大。韌帶在疼痛中拉伸，生命的韌帶在焦灼的思索和豁然的頓悟後堅韌起來。

提得起，放得下

趙州禪師是一位禪風非常銳利的法王，學者凡有所問，他的回答經常不從正面說明，總會要你從另一方面去體會。

有一次，一個信徒前來拜訪他，因為沒有準備禮品，就歉意地說道：「我空手而來！」

趙州禪師望著信徒說道：「既是空手而來，那就請放下來吧！」

信徒不解他的意思反問道：「禪師！我沒有帶禮品來，你要我放下什麼呢？」

趙州禪師立即回答道：「那麼，你就帶著回去好了。」

信徒更是不解，說道：「我什麼都沒有，帶什麼回去呢？」

趙州禪師道：「你就帶那個什麼都沒有的東西回去好了。」

信徒不解趙州禪師的禪機，滿腹狐疑，不禁自語道：「沒有的東西怎麼好帶呢？」

趙州禪師這才正面指示道：「你不缺少的東西，那就是你沒有的東西；你沒有的東西，那就是你不缺少的東西！」

信徒仍然不解，無可奈何地問道：「禪師！就請您明白告訴我吧！」

趙州禪師也無奈地道：「和你饒舌多言，可惜你沒有佛性，但你並不缺佛性。你既不肯放下，也不肯提起，是沒有佛性呢？還是不缺少佛性呢？」

信徒至此才稍得啟悟！

趙州禪師和信徒的一番對話，信徒不能徹悟，趙州禪師只能怪他沒有佛性，但趙州禪師又感嘆地說：人並不缺少佛性啊！

禪的人生觀，好像皮箱一樣，有時候你要提得起，有時候你要放得下；當提起的時候提起，當放下的時候放下。可是俗世的人生往往是：當提起的時候不提起，當放下的時候不放下；當放下的時候反而提起，當提起的時候卻放下。

其實，能夠做到提得起、放得下，並不是一件簡單的事。一般人是既提不起也放不下：提不起的是責任和義務，放不下的是名利和地位；提不起意志和毅力，放不下成功和失敗；提不起信心和耐心，放不下貪心和仇恨。也有人提得起，放不下，他們一般有擔當、有進取心、有能力，可是一旦要他們放下到手的名位、金錢或權勢時，就捨棄不了。

在人的一生中，絕不可能一直都是平步青雲、節節高昇，人生總有起伏，因此，只能升不能降、只提起不放下的人，更是苦不堪言，是一種執著之苦。然而也有少數人能夠提得起，放得下，這種人不僅能擔當、有能力、肯負責，且面對世間萬象心中都能保持坦然與平靜。

生活中，讓人提不起、放不下的東西很多，愛情、事業、家庭、婚姻、金錢、名利、地位……，如果說外在的名利還可以捨棄，但是內心的感情卻是最難捨棄的，而某些特別的情感更是叫人提不起放不下。

人生感悟

放下萬緣，單提一念。提得起，放得下，人生才不會被困住，方得自我之自在！

化解生活壓力的唯一良方是學會選擇，懂得放棄，像溪邊的流水那樣自由地潺潺流淌，像高山上的樹木那樣自在地伸展，甚至像野鶴那樣凌空飛翔，而不必神牽夢縈、羈縻不脫。

放下是一種選擇，也是一種快樂。

30歲前用加法，30歲後用減法

南懷瑾先生在《易經雜說》中說：「宇宙間的一切道理，都不過是一加一減，非常簡單。」人生是複雜的，每天都有無數瑣碎的事情，在消耗著我們的能量，可是人生又是簡單的，「加減」二字就是其全部的智慧與真諦。

人生中，每個人都享有成功的機會，只要你懂得加減。就拿時光來說，人生一世，說長也長，說短也短，春去秋來夏暖冬涼，不經意間白髮染鬢感嘆頗長。但是上蒼是公平的，它用時光來衡量每人的一生，光從年齡上來說，人從出生起，實際上就開始了以零為起點的加法。

吃飯、穿衣、學說話、學走路，每一樣都是從零為起點的加法。隨著年齡的不斷攀升，智能的不斷開發，相應的衣食住行都發生著巨大的變化，但不外乎是一道加法。成功幾乎是每個人的目標，於是，每個人都在忙碌著，做著一道道的加法。比如知識與經驗的積累，對人生的領悟等。

而當我們具備了外在的物質軀體和豐富的精神內涵的時候，人生的路基本上也就走了一半，時光的加法也就到此為止了，成功的減法開始登場。

很欣賞於丹老師說過的一段話，她說：「人一過而立之年，就要學著用減法生活，也就是說，一個人在三十歲之前是用加法生活的，不斷地從這個世界上收集所需要的東西。三十歲以後，人就應該開始學著用減法生活，也就是學會捨棄那些不是你心靈真正需要的東西。」隨著加法的積累，人們已經獲得了一定的財富、名利等，可是人到中年，工作壓力大，家庭負擔重，心裡願望多，實現的理想少，思想的顧慮多，身體的健康少，這個時候，時光在一點點減少，如果不把各種顧慮以及榮譽減掉，那麼人生就變得不堪重負了。

絕大多數的人要到三十歲左右，才能看懂一些世事。所以古話說，三十而立！現在看來，這句話不無道理。三十歲以下的男人，不如稱之為「男孩」更合理。絕大多數男人感覺不到時光流逝，覺察不出資本貶值，完全活在自己的主觀世界裡，忙忙碌碌、迷迷糊糊。待到大夢醒來，猛然發現自己已到而立之年，只能感嘆：唉！人生這個東西啊，一切全由命，半點不由人！

人到了三十要懂得做減法，將你的資源、優勢縮小，以危機感激發自己的潛能。即使你胸有豪情萬丈，心懷長城萬里，也要一步一個腳印地前進。看到自己的資本在流失、資源將耗盡、時光在流逝，就會懂得「從實際出發，實事求是」。

清朝時期，靠拉駱駝賺錢的晉人喬貴發看準了薩拉齊地脈很旺，很適合他來這裡幹一番事業，但是他還不清楚到底做什麼。於是，他來到此地，從默默無聞的小夥計幹起，一為熟悉人情世故，交結朋友；二為摸清財路，刺探商情。他的加法從此開始。

經過一段時間的細緻觀察，他發現這裡冬天除了那些山藥蛋和羊肉，其他的蔬菜奇缺，偶爾見到一點，便成了搶手貨。而這裡豆類作物多，價格便宜，卻沒有生豆芽和做豆腐的。喬貴發小時候寄居在舅舅家時，正好學會做豆腐和生豆芽的手藝。於是，喬貴發看準這個買賣。

喬貴發做起了磨豆腐、生豆芽的買賣，他置上必要的家具，買上豆子，租上房子，僱了一個人，很快地他的豆腐生意就火紅起來。喬貴發幹勁衝天，起早貪黑，僱人添家具，繼續擴大豆芽、豆腐生意。一年下來，由於不斷的累積，他成了一個小有規模的豆腐店鋪的老闆。

喬貴發現，這裡面的加減法還不少：當老闆可以做的活兒比傭工少，出的力比傭工少，而分的利卻比傭工多，而且僱的人越多，自己就越能從中分到更多的利。同時，他還享受到了當老闆的許多妙處：手下的人對自己畢恭畢敬，如父如長；市面上的人對自己高看高待，如兄如友。

但是，喬貴發明白，加減法還要做下去：一方面，他要不斷地擴展自己的生意，另一方面，他還要減掉洋洋得意、頤指氣使的老闆作風，以免引起人們的嫉妒和厭惡。

多層面的人生，從多少個角度去看，就有多少個不同的理解，但是無論人生多麼複雜，無論成功多麼艱難，都離不開「加減」二字。

成功人生是一次加法和減法同時進行的過程，一生的意蘊將在每一個接踵而至的時刻中得到呈現，所有的遭遇和各種滋生的情感最終都會經過加法或者減法的計算，在時間中通過量的積累來實現個體生命的完整性，只是不同的人對這些人生中的細節的計算方法不同而已。

在生活的某個時刻，某個瞬間，我們應學會用加法；另外一個時刻，另外一個瞬間，則要果斷地用減法來處理。

學會加減，讓每一個日子都變得優雅而從容。

人生感悟

無論國王大臣還是市井百姓，人生就是這樣一個加減週期，從零開始做加法又從加法做減法，減到零完成一個週期。但是人生的真諦，又不光是時光的加減法這樣簡單，人生的內涵豐富，必須從各個層面掌握好做加減法的時機。做好自己的加減法，不偏不倚、不疾不徐、不卑不亢，才不會浮生若夢，才是成功的人生。

少即是多

奧卡姆的威廉是十四世紀英國的邏輯學家、聖芳濟會修士。他提出了「簡潔原則」。這個原則認為整體應當控制在必須的範圍內。我們所知道的「奧卡姆剃刀原理」如此陳述：當一個現象有兩個相當的合理解釋時，應當採用簡潔的那個。或者像建築師密斯．凡．德羅說的：「少即是多（Lessismore）。」

密斯．凡．德羅堅持「少即是多」的建築設計哲學，在處理手法上主張流動空間的新概念。他的設計作品中各個細部精簡到不可精簡的絕對境界，不少作品結構幾乎完全暴露，但是它們高貴、雅緻，已使結構本身昇華為建築藝術。西格蘭姆大樓為世界上第一棟高層的玻璃帷幕大樓，完美展現了密斯所提出的「少即是多」原則。

大約在同時代，歐洲的另一邊，在梵蒂岡有一項很重要的使命，教皇希望由最好的畫家來承擔。一位代表教皇本尼迪克特十四世的主教被派去義大利尋找一位最好的畫師。

這位主教告訴喬托（文藝復興時期著名畫家，以技巧及隱士聞名），教皇想要他來畫，並請他先畫一幅送給教皇看。

聽完，喬托拿出一張紙，用刷子蘸上紅顏料，手腕一轉就畫出一個完美無缺的圓圈。然後他笑著對主教說：「這是你要的畫。」

主教覺得自己被耍了一樣，回答道：「這是我唯一能拿到的畫嗎？」

「這就夠了。」喬托回答說，「帶它回去，你會看到人們是不是能看懂它。」

喬托得到了這份工作。一個對奧卡姆剃刀原理的完美詮釋。

少即是多，簡約而不簡單是現代簡約風格的核心。正如有些人有錢，他們去精品展上掃貨；有些人也有錢，他們以開小排量車為榮。有錢但不奢侈，簡約而不簡單，適度的生活態度是一種境界。揮霍無度、比排場、比闊氣，是暴發戶的做法。高素質的人，有錢也不會亂花，而是選擇一種簡約的生活方式。簡約不是簡陋，而是一種優雅的格調，一種恰如其分的火候，需要智慧和素養。

下面這個妙趣橫生的故事蘊含了「少即是多」的道理。很多時候我們覺得必須去解釋、去說服、去爭論……，但是別人往往並不需要聽那麼多。上帝賜人兩隻耳朵，僅僅一張嘴，並非巧合……

保險代理人喬在全美賣出的壽險比任何同事都多，因而獲得公司的獎勵。公司希望他在領獎時發表演說，告訴其他員工他是怎麼做的。

於是，喬開始全力備戰。演講稿他寫了又寫，改了又改，才算滿意。喬把稿子印在卡片上，把卡片黏在鏡子上，每天早晨一邊刮鬍子一邊背誦。終於，喬把講稿像燒光碟一樣燒進了大腦裡。他準備好了。

重要的時刻來臨了。禮堂裡坐滿了來自全國各地的保險推銷員。公司董事長把一個光榮匾額遞到喬的手裡，拍著他的後背說：「現在，請告訴我們，你是怎麼做的？」

喬轉過身，無數雙期盼的眼睛注視著他，等待他說出深刻的東西。可是，他卻忘記了第一句話！「嗯，唔，嗯……」喬在腦海中極力搜尋著，卻怎麼也找不著開頭。還好他抓到了中間的一句（如果你身陷如此境地，情願隨便從哪裡開場），於是他說：「嗯，唔……拜訪人們……」喬實在是嚇壞了，他想不起下一句是什麼。於是他重新起頭：「嗯，嗯……拜訪人們，嗯，唔……拜訪人們！」然後，他坐下了。

幾乎所有的人都以為喬說出了自己的想法，他們認為聽到了一次精闢而獨到的演講。於是，眾人紛紛起立報之以雷鳴般的掌聲。

人生感悟

「大道至簡，少即是多」，設計理念上講究精簡的至高境界，生活中又何嘗不是如此。

如今流行的「減法生活」，即倡導人們過「簡約生活」：節約一度電，少開一天車，減去過多的煩惱和慾望，減去對環境不必要的破壞，從而還我們一個純淨的靈魂。

把煩惱寫在沙灘上

梵志到佛前進獻合歡梧桐花，佛陀對他說：「放下吧！」梵志放下左手的一株花，佛陀又說：「你放下吧！」梵志又放下右手的一株花，佛陀再說：「你放下吧！」

梵志說：「我現在兩手都空了，還要放下什麼呢？」

佛陀說：「我不是叫你放下花，而是教你捨棄從外境來的色、聲、香、味、觸、法六塵，從內心來的眼、耳、鼻、舌、身、意六根，以及六塵與六根相應所生的見識，把它們全部捨卻，直到沒有可捨的地方，才是你安身的地方。」

梵志當下大徹大悟。

放下，是一種束縛的解脫。只有體悟到永恆的真我，才能突破俗世的纏縛。六祖惠能在未修行出家之前，就已看清外在的束縛是沒有意義的，唯有撥開一切外在的形式，才能體現物的本來，這才是真正的佛性。故而有一偈：「菩提本無樹，明鏡亦非台；本來無一物，何處惹塵埃。」

其實未開悟之前的佛祖和凡夫俗子一樣，常常被恐懼、沮喪、愁苦、慾望、無知所束縛，不同的是他們懂得捨卻，能超越束縛，最終達到一種自在的境界。

有一個中年人，年輕時追求的家庭事業都有了基礎，但是卻覺得生命空虛，感到徬徨而無奈，而且這種情況日漸嚴重，到後來不得不去看醫生。

醫生聽完他的陳訴，開了四帖藥方，對他說：「你明天九點鐘以前獨自到海邊去，不要帶報紙雜誌，不要聽廣播，到了海邊，分別在九點、十二點、下午三點、下午五點，依序各喝一帖藥，你的病就會好的。」

那位中年人將信將疑，但還是依照醫生的囑咐來到了海邊，看到晨曦中的大海，心靈為之一振，心情也跟著變得開朗了。

九點整，他打開第一帖藥，裡面寫著「諦聽」二字。於是他坐下來，傾聽風的聲音、海浪的聲音，他感覺到自己的心跳與大自然的節奏是那麼協調，很久沒有這麼安靜地坐下來聽了，彷彿自己的身心得到了清洗，突然覺得舒爽。

十二點，他打開第二帖藥，裡面寫著「回憶」二字。他開始從諦聽外面的聲音轉回來，回想起以前的種種：童年時的無憂、青年時的艱辛、父母的慈愛、朋友的友誼、生命的力量，於是熱情又重新燃燒起來了。

下午三點，他打開第三帖藥，裡面寫著「檢討你的動機」。他記得早年創業時，懷有遠大的理想，為了追求人們的福祉，他熱誠地工作。但等到事業有成，全然忘記了當初的信念，只顧著賺錢，失去了經營事業的喜悅，又由於過於強調自我，也不再有關心別人的胸懷。想到這裡，他已深有領悟。

到了黃昏的時候，他打開最後一帖藥，裡面寫著「把煩惱寫在沙灘上」。他走進離海最近的沙灘，寫下他的煩惱，可是一波海浪立即淹沒了它們，沙上一片平坦。他愣住了。

這個中年人，最終悟出了生命的意義。在回家的路上，他再度恢復了生命的活力，空虛與徬徨也消失得無影無蹤了。

這則故事具有禪的意味。「把煩惱寫在沙灘上」，就是要放下、要捨卻。沙灘上的字被海水一沖就流走了，緣起性空才是生命的真相，能悟出這一層，放下就沒那麼困難了。唯捨卻外物的附庸，方有真性靈的流露，方能成為自己的主人，這是生活本色的自然呈現。

人生感悟

世間本無事，庸人自擾之。放下束縛、捨卻重負，才能覺悟生命的真意。不要自尋煩惱，更不要讓明天的煩惱透支今天的美好。

在日常生活中，我們怎樣放下煩惱呢？具體的道理和方法很多，最重要的一點是：去掉自私和貪心。

別背著包袱趕路

生命是可以不必如此沉重的。打開你心中的鎖，放下壓在你心頭的包袱，帶著輕鬆上路，去實現我們的夢。

一個青年背著一個大包裹千里迢迢跑來找靈智大師，他說：「大師，我是那樣孤獨、痛苦和寂寞，長期的跋涉使我疲倦到極點。我的鞋子破了，荊棘割破雙腳；手也受傷了，流血不止；嗓子因為長久的呼喊而嘶啞……，為什麼我還不能找到心中的陽光？」

大師問：「你的大包裹裡裝的是什麼？」

青年說：「它對我可重要了。裡面是我每一次跌倒時的痛苦，每一次受傷後的哭泣，每一次孤寂時的煩惱……，靠著它，我才有勇氣走到您這裡來。」

於是，靈智大師帶青年來到河邊，他們坐船過了河。上岸後，大師說：「你扛船趕路？」

青年很驚訝，「它那麼沉，我扛得動嗎？」

「是的，孩子，你扛不動它。」大師微微一笑，說，「過河時，船是有用的。但過了河，我們就要放下船趕路。否則，它會變成我們的包袱。痛苦、孤獨、寂寞、災難、眼淚，這些對人生都是有用的，它們使生命得到昇華，但須臾不忘，就成了人生的包袱。放下它們吧！孩子，生命不能太負重。」

青年放下包袱，繼續趕路，他發覺自己的腳步輕鬆而愉悅，比以前快得多。

凡事都會向它的反面轉換，財富可以變成包袱，包袱也可以變成財富。只不過，將財富變成包袱的人多，將包袱變成財富的人少。因為他們預先在心裡背了一個包袱，心裡背上了包袱，就無法將它卸下了。這樣一來，財富沒能成為他生命中不可分割的部分，而是成為一種外在的壓迫力量。

年過八旬的吳階平教授在談及精神養生時介紹的一條主要經驗就是「不把悲傷的事放在心上」。他認為「人生不如意的事十之八九」，總要想得開，以理智克制感情。

現在的都市人每天忙忙碌碌地工作，有時真的感覺很累，碰到一些煩心的事情，總讓人很難去釋懷；如果每天過得太平淡了，也會感覺不舒服。人生總需要有些浮浮沉沉，正如泡茶一樣，茶葉在沸水中上下沉浮，正是經歷了生活的各種挫折和磨鍊，才覺得生命更精彩，才覺得生活更有意義。

放下生活的包袱，才能讓自己坦然與釋懷。在工作中碰到的困難，需要我們去解決，更須要去排解心中的負面情緒，不要讓它給自己帶來負擔。當工作成為負擔時，就需要適時地放鬆一下。

這個倒讓人想起另一個故事，講的是兩個師兄弟一起下山到市集化緣，途經一座獨木橋的時候，看到一位美麗的女子在那裡躊躇不前，可能是害怕的緣故，根本不敢跨過獨木橋。大師兄看到後，說：「姑娘，來吧，我背你過去。」說完，就把她背過去了。

他的師弟跟在後面，心裡感覺非常不快，一直沉默不語，到了晚上，實在忍不住，就對大師兄說：「我們是出家人，是受過戒律的，男女授受不親，怎麼能近女色呢？你怎麼能背她過河呢？」

大師兄聽後說道：「啊，你還想著那個女人呀，我背過橋就把她放下了，你怎麼到現在還沒有把她放下呢？」

人生感悟

生活就是生活，工作就是工作，我們不能把生活當成工作，把工作當成生活，如果我們連這個都理不順，就真的很難去經營好自己的生活和工作。應及時放下心中的包袱，展現光亮明朗的生活，去好好享受自己的生活。

放棄也是一種美麗

一位搏擊高手參加錦標賽，自以為穩操勝券，一定可以奪得冠軍。

出乎意料的是，在最後的決賽中，他遇到一個實力相當的對手，雙方竭盡全力出招攻擊。打到中途，搏擊高手意識到，自己竟然找不到對方招式中的破綻，而對方的攻擊卻往往能夠突破自己防守中的漏洞，有選擇地打中自己。

比賽的結果可想而知，這個搏擊高手慘敗在對方手下，沒有得到冠軍的獎盃。

他憤憤不平地找到自己的師傅，一招一式地將對方和他搏擊的過程再次演練給師傅看，並請求師傅幫他找出對方招式中的破綻。他決心根據這些破綻，苦練出足以攻克對方的新招，在下次比賽時打倒對方，奪取冠軍的獎盃。

師傅笑而不語，在地上畫一道線，要他在不能擦掉這道線的情況下，設法讓這條線變短。

搏擊高手百思不得其解，怎麼會有像師傅所說的辦法，能使地上的線變短呢？最後，他無可奈何地放棄了思考，轉向師傅請教。

師傅在原先那道線的旁邊，又畫了一道更長的線。兩者相比較，原先的那道線，看來變得短了許多。

師傅開口道：「奪得冠軍的關鍵，不僅僅在於如何攻擊對方的弱點，正如地上的長短線一樣，如果你不能在要求的條件下使這條線變短，你就要懂得放棄從這條線上做文章，去尋找另一條更長的線。那就是只有你自己變得更強，對方還如原先的那道線一樣，卻在相比之下變得較短了。如何使自己更強，才是你需要苦練的根本。」

徒弟恍然大悟。

師傅笑道：「搏擊要用腦，要學會選擇，攻擊其弱點，同時要懂得放棄，不跟對方硬拼，以自己之強攻其弱，你就能奪取冠軍。」

在獲得成功的過程中，在奪取冠軍的道路上，有無數的坎坷與障礙，需要我們去跨越、去征服。人們通常走的路有兩條：

一條路是學會選擇，攻擊對手的薄弱環節。正如故事中的那位搏擊高手，可以找出對方的破綻，給予其致命的一擊，用最直接、最銳利的技術或技巧，快速解決問題。

另一條路是懂得放棄，不跟對方硬拼，全面增強自身實力，在人格上、在知識上、在智慧上、在實力上使自己加倍地成長，變得更加成熟，變得更加強大，以己之強攻敵之弱，使許多問題迎刃而解。

該執著時執著，該放棄時放棄，衡量清楚，才不會太過於委屈自己。苦苦追求不屬於自己的東西，不但迷失了自己，也徒然地耗費了青春和精力，與其如此，不如輕輕放下，反而會愜意無比。

記得幾年前的高考前夕，一個好朋友請假專門來看望我。當時她已經讀大學，而我還在高三復讀。她的一番話我至今記憶猶新，她對我說：「考試時，要懂得放棄，放棄是為了更好地把握！」真是一語驚醒夢中人，一直以來我對學習不如我的她順利考上大學耿耿於懷，我不得不反省自己的答題方式：總是被一些疑難問題、枝節問題所牽制，而實際上考試時間是有限的，不允許人做到完美。只有擱置疑難，抓住主流，才能獲勝。我終於領悟到放棄的美麗，同年九月，我順利地升入一所重點大學。

放棄的實質是在顧全大局的前提下，避開枝蔓的羈絆，集中精力抓住主要矛盾，以達到預期目的。放棄是有條件的，不加選擇、不顧原則地放棄最終只會一敗塗地。對於原則性、事關全局的事情決不能放棄，必須牢牢把握。而對於困惑我們視線、束縛我們手腳的細枝末節，如果我們有條件地放棄，那麼我們的視野將更為廣闊，前進的腳步將會更大更穩健。

歷史給予我們精深的智慧：放棄也是一種人生的策略和境界。春秋時代的范蠡幫助勾踐實現滅吳的大業後，他果斷放棄榮華富貴而選擇功成身退，最後成了赫赫有名的「陶朱公」，從而避免了悲劇的發生。他的放棄，體現的是一種洞悉事理的睿智，有時「以退為進」往往更能化解矛盾，渡過危機。

建國後，留洋的科學家紛紛回國，使得一度貧瘠荒涼的科學界呈現出百花齊放的繁榮景象。這些科學精英們正是甘於放棄國外的優裕生活，從而在貧窮落後的祖國實現了人生的價值。這種放棄何嘗不是一種高尚的境界，一種深沉的愛，一個明智的選擇？

新世紀，人們面對的誘惑和選擇更多，價值觀也日趨多元化。放棄自有一種特有的效應：局部的放棄是為了全局更大的收穫，眼前的放棄是為了長遠的收益。它實際上是立足於全局和長遠，用戰略性的眼光突破狹隘的圈子，從而把目光投向更深更遠處。

放棄也是一種美麗，它會使人保持一種淡然的心境，不會迷失自我和前進的方向，人生將會變得更加多彩多姿。當你有意放棄一些東西的時候，可能不經意間已置身於百花園中了。

人生感悟

魚與熊掌不可兼得，你必須有所選擇，有所放棄！今天的放棄，是為了明天更好地得到。幾十年的人生旅途中，會有山山水水，也會有風風雨雨，有所得也就必有所失。只有我們學會了放棄，我們才會擁有一份成熟，才會活得坦然、充實和輕鬆。

平常心即是道

何謂道？道即是平常心。人世間最難得的就是擁有一顆平常心，不為虛榮所誘、不為權勢所惑、不為金錢所動、不為美色所迷，不為一切的浮華而沉淪。

有一個人曾經問慧海禪師：「禪師，你可有什麼與眾不同的地方呀？」
慧海禪師答道：「有！」
「那是什麼？」這個人問道。
慧海禪師回答：「我感覺餓的時候就吃飯，感覺疲倦的時候就睡覺。」
「這算什麼與眾不同的地方，每個人都是這樣的呀，有什麼區別呢？」這個人不屑地說。
慧海禪師答道：「當然不一樣了！」
「這有什麼不一樣的？」那人問道。
慧海禪師說：「他們吃飯的時候總是想著別的事情，不專心吃飯；他們睡覺的時候也總是做夢，睡不安穩。而我吃飯就是吃飯，什麼也不想；我睡覺的時候從來不做夢，所以睡得安穩。這就是我與眾不同的地方。」
慧海禪師繼續說道：「世人很難做到一心一用，他們總是在利害得失中穿梭，囿於浮華的寵辱，產生了『種種思量』和『千般妄想』。他們在生命的表層停留不前，這成為他們最大的障礙，他們因此而迷失了自己，喪失了『平常心』。要知道，生命的意義並不是這樣，只有將心融入世界，用平常心去感受生命，才能找到生命的真諦。」
所以在禪宗看來，一個人能明心見性，拋開雜念，將功名利祿看穿，將勝負成敗看透，將名譽得失看破，就能達到時時無礙、處處自在的境界，從而進入平常心的世界。

在今天物慾橫流，處處充滿誘惑和陷阱的社會中，能保持一顆平常心並非易事。在平常心的世界裡，一切都被看得平平常常，即「寵辱不驚，看庭前花開花落；去留無意，望天空雲卷雲舒。」

中國著名的乒乓球運動員王楠就有著這樣一顆平常心。她認為，在乒乓球比賽中，輸贏都是很正常的，誰也不可能只贏不輸，重要的是保持一顆平常心，保持一份良好的心態，這對於像乒乓球這樣的對抗性比賽尤為重要。在第四十五屆世界乒乓球錦標賽女子單打決賽中，王楠在先輸兩局的情況下，憑藉自己過人的心理素質——擁有一顆平常心，在最後三局比賽出色地發揮了自己的水平，連勝三局，最終取得了女子單打的世界冠軍。

擁有一顆平常心，就擁有了一種豁達，一種超然。失敗了，轉過身擦乾痛苦的淚水；成功了，向所有支持者和反對者致以滿足的微笑。

其實，無論是比賽還是生活都如同彈琴，弦太緊會斷，弦太鬆彈不出聲音，保持平常心才是悟道之本。

有的人為了追求所謂幸福的日子，不惜透支健康、支付尊嚴、出賣人格以換取鈔票、車子、房子、權力等。到垂暮老矣之時，才會發覺年輕時孜孜以求的東西是那樣虛無與飄渺，才對生命產生新的感悟，終於明白平常心是真諦，是福氣。

擁有一顆平常心，就不會浮躁，不會焦灼，不會被慾望占滿，更不會讓靈魂擱淺在無氧的空間裡。擁有一顆平常心就擁有一種正確的處世原則，一份自我解脫、自我肯定的信心與勇氣，不會高估自己，也不會自甘墮落。擁有一顆平常心就不會只追求物質的奢華，而把自己的靈魂淹沒在如潮的塵海中。因為更多的時候，生活不是讓我們追求外在的繁華，而是求得內心的平靜與安寧。

所以說，用一顆平常心去對待、解析生活，才能領悟生活的真諦，體悟平平淡淡才是真！

人生感悟

平常心即是道。擁有一顆平常心是一種淡泊，一分寧靜。減法讓我們勇敢地直面現實，還原生活的本質。擁有一顆平常心才是生活的本質。難得平常心，於是得自然。

什麼是你生命中的鵝卵石

王曦是一家合資企業的推廣部經理——一個標準的女白領。喜歡小資生活情調的她，卻時常承受著工作中沉重的壓力。為了保持自己的生活步調，王曦總結出自己的「減法法則」。

在她看來，「減法生活」既是一種生活態度，又是一種全新的時間統籌方式。

王曦表示，太多的人雖然不滿意現有的生活狀態，可是真要讓他們做出改變的時候卻又缺乏足夠的意願。而想要減去繁冗，回歸質樸生活，首先要改變的事情就是學會傾聽自己內心的聲音，明確自己想要空閒生活的意願，這樣才能有對生活做出減法的勇氣和動力。

王曦說：「其實很多時候大家都想過自己喜歡的那種生活，可是卻又擔心工作完不成，無法交代。一來一去不僅沒有做到真正的『減法生活』，反而憑空給自己增添了壓力。『減法生活』的改變程度是與你的意願程度成比例的。」

除去改變的意願，「減法生活」就是要認清什麼是重要的，什麼是不重要的。給自己的工作計劃好時間，將重要的優先做，不重要的合併或者丟棄，這就實現了「減法」的生活。而在這一階段，統籌方法的應用很重要。

王曦說：「有很多時候我都要同時面對不同的工作。不論是文件處理，還是聯繫業務或者是出去應酬，這些都屬於工作範圍之內的事情。但是假如都完成的話顯然就會被工作牽著鼻子走了。這個時候我就會好好想想哪些是必須完成的，哪些是即使完成不了或者遲延完成也不會有影響的。」

王曦舉了她工作中的一個例子來說明這一點。她的工作任務之一就是與各個相關企業維持聯繫，每個月都有一個拜訪工作登記，一個月需要去至少六家公司，和其業務部門進行聯繫，互通消息。王曦說：「一般去做業務聯繫談工作的時間最多就一個小時，但是別人做一次訪問要一天，大量的時間都是參加應酬。我不否認這些應酬可以拉近雙方關係，但是工作其實也並不一定非要靠這些來維持關係。」

王曦解決這個問題的辦法很簡單，免去應酬的時間，一天就可以將規定的幾家公司拜訪完。然後拜訪的同時帶一些小禮物，即減去了時間的花費，也維持了一個幹練的形象，一舉兩得。

記得上學的時候，有這樣一堂課，讓人印象深刻。老師在桌子上放了一個裝水的罐子，然後裝進鵝卵石，問他的學生：「這罐子是不是滿了？」

「滿了。」聲音很整齊。

老師又放入幾塊小石頭，「滿了嗎？」

老師又放入沙子，「滿了嗎？」

……

老師又倒入水，「滿了嗎？」

……

老師說：「這個故事對我們有什麼啟發呀？」

學生：「時間只要擠總有空餘。」

老師說：「不對，這個故事告訴我們，對於每個人來說，最重要的是要把大石頭放進去，否則以後想放都放不進去了。我們最重要的並不是把事情做得過多，而是做正確的事，做該做的事與重要的事。」

其實，每一天我們都在忙，每一天我們所做的事情好像都很重要，每一天我們都不斷地往罐子裡投入小碎石或沙子，但是你有沒有想過：什麼才是你生命中的鵝卵石？

人生感悟

把重要的事情擺在第一位是時間管理的秘訣所在。所謂重要的事情，是指真正有助於達成我們目標的事情，是讓我們的工作與生活更有意義、更有成就的事情。但是，有些事情通常並不是那麼迫不及待的——而這點恰恰是時間管理的誤區。從現在開始，運用減法會讓我們成為時間的主人而不是時間的奴隸。

二八定律：減法的另一種模式

十九世紀末二十世紀初，義大利經濟學家及社會學家巴萊多提出：在任何一組東西之中，最重要的內容通常只占其中的一小部分，約占百分之二十，其餘百分之八十儘管是多數，卻是次要的。這就是著名的「巴萊多原則」，也叫「二八定律」。

根據巴萊多原則：一家公司中，通常是百分之二十高績效的人完成百分之八十的工作。你也許會感到很驚訝，但這卻是事實。比如在銷售部，通常是百分之二十的人帶來百分之八十的訂單；在開會時，百分之二十的人通常會提出百分之八十的建議。也正因此，所有的優秀員工一致認為：高效率地完成工作的技巧在於將百分之八十的精力放在最重要的任務上。

「大多數人無法高效率地完成工作，就是因為他們把太多的精力花在次要的事情上。用大量的時間去完成重要的工作，這是巴萊多原則告訴我們的工作技巧。」一位優秀員工如此說。

曉茜是中國深圳某化妝品公司的銷售員，在工作的第一個月，曉茜僅掙了一千元。曉茜很氣惱：「為什麼別人都能賺那麼多，而我卻這麼少？」分析銷售圖表後，曉茜發現她的百分之八十的業績源自於她的百分之二十的客戶，但是，她卻對所有的客戶花費了同樣的時間。曉茜恍然大悟，拍著腦袋直喊「笨」。第二個月工作開始後，曉茜把她手中最不活躍的三十六位客戶擱到最後，把百分之八十的精力集中到最有希望的百分之二十的客戶身上，到第二個月月底，曉茜賺到的錢是第一個月的十倍。

因此，當你面臨很多的工作，不知如何著手時；當你耗盡全身的精力，工作效率仍然提不上去時；當你為花了太多的精力做沒多大意義的事而懊悔不已時，那麼，請及時審視一下自身，看看自己是否有依照巴萊多的「二八定律」來進行工作。把百分之八十的精力放在最重要的任務上，只有這樣，你才能高效率地運用有限的精力，有效地提高工作效率。

將百分之八十的精力用來完成最重要的工作，一個人的潛力就能得到更好的發揮，這就好像一個果農要想在秋天獲得豐碩的成果，就要把果樹上面的多餘分枝剪除掉，只有這樣，他才能在來年享受到收穫的快樂。

瞭解了「二八定律」的重要性之後，你還必須學會根據自己的核心能力，排定日常工作的優先順序。建立起優先順序，然後堅守這個順序，工作起來才會事半功倍。

喬治．斯墨農是法國一位著名的作家，他非常明白集中注意力的重要性。在寫書過程中，為了能夠靜心寫作，喬治都要將自己與外界完全隔絕，他不接任何人的電話，拒絕會見任何來客，既不看報紙，也不看任何雜誌和來信，他的全部身心都投入到自己的寫作之中。在這種專注的境界裡，斯墨農曾以十一天的驚人速度，寫出了法國歷史上最暢銷的小說之一。

當然，作為一名員工，身在職場之中，無法像斯墨農那樣將自己置於完全「封閉」的環境中，但這並不表明你不能將精力集中於重要的事務上。很多優秀員工在執行重要任務的過程中會全神貫注於工作本身，而不去理會那些並不重要的電話，也把那些不重要的會見放在自己工作效率不高的時段。

在運用百分之八十的精力處理最重要的工作時，也可以將注意力「封閉」起來。這樣，在處理重要任務時，就不會再受外界的干擾，為其他次要事務分散精力。

如果你正備受注意力分散的折磨，無法高效處理事務，不妨在自己的辦公桌上建立一個「行動一覽表」，把每天要做的工作依照重要順序依次記錄下來，與此同時，再放上一個能提示自己專注的物品，以保持自己的注意力集中。

若要集中精力於最重要的任務，有效利用百分之八十的寶貴精力，你還需有說「不」的勇氣。貝萊克太太曾被推選為社區計畫委員會的主席，可是只工作了一個月就受不了，因為她既放不下許多更重要的事，又不好意思拒絕別人向自己伸出的求助之手，只好勉為其難地接受。這樣，她每天都忙得昏天黑地。貝萊克太太深感精力不濟，無法擔當委員會主席這一重任，便打電話給一個好友，問她是否願意在委員會工作，對方卻婉言拒絕了。貝萊克太太放下電話，沮喪地說：「我那時也能拒絕就好了。」女兒艾爾莎意味深長地說：「是的，只要你敢於拒絕別人的那一堆雞毛蒜皮的小事，你根本就不可能那麼累。」後來貝萊克太太再不理會別人的那些無關緊要的小事了，果然輕鬆很多，而且還把小區的工作搞得有聲有色。

正如貝萊克太太一樣，任何人在必要時，都應懂得不卑不亢地拒絕別人，在急迫與重要的事情面前懂得取捨。

人生感悟

在整個高效工作的過程中，巴萊多的「二八定律」就像是一個執行力魔方，如果你明白減法的功效，手法嫻熟，就會像優秀員工一樣高效率地完成最重要的任務，最終獲得令人驚訝的好成績。

第二章
無慾則剛

「色即是空，空即是色。」要想不被金錢、美女、名利誘惑，要想保住自己一世清白，就要主動遠離誘惑你的那些環境，遠離那種氛圍，就像有些人為了控制飲食，遠離美味的誘惑一樣。只有如此，才能真正做到拒絕誘惑。

色即是空

一天，洞山禪師與云居禪師在一起閒聊，隨意間洞山禪師問云居禪師：「你愛色嗎？」云居禪師正在用竹簍簍篩豌豆，聽到洞山禪師這樣問，嚇了一跳，筐裡的豆子都被嚇得灑了出來，滾到了洞山禪師的腳下。洞山禪師笑著彎下腰，把豌豆一粒一粒地撿起來放進竹簍裡。

云居禪師耳邊依然迴響著洞山禪師剛才的問話，他不知道該怎麼回答，因為這個問題實在是沒有辦法回答。

「色」包含的範圍太大了！有女色、有臉色、有顏色……。

穿衣服挑顏色嗎？享受佳餚美酒時看重菜色、酒色嗎？選擇宅第房舍時注重牆色嗎？做事時會看別人臉色嗎？貪戀黃金白銀的財色嗎？愛慕嫵媚妖豔的女色嗎？

云居禪師放下竹簍，心中還在翻騰。他想了很久以後，才回答道：「不愛！」

洞山禪師一直在旁邊觀察云居禪師受驚、閃躲、逃避、掙扎的表情，不無惋惜地說：「你回答這個問題前真的想好了嗎？等你真正面對考驗的時候，是否能夠做到從容地面對呢？」

云居禪師這個時候大聲地答道：「當然能！」然後他向洞山禪師臉上看去，希望能得到他的回答，可是洞山禪師只是笑，沒有任何回答。

云居禪師感到十分奇怪，他反問道：「那我問你一個問題行嗎？」

洞山禪師依然笑著說：「你問吧！」

「你愛女色嗎？」云居禪師這樣問道，「當你面對誘惑的時候，你能從容應對嗎？」

洞山禪師哈哈大笑，說道：「我早就想到你會這麼問了！我看她們只不過是美麗的外表掩飾下的臭皮囊而已。你問我愛不愛，愛與不愛又有什麼關係呢？只要心中有自己堅定的想法就行了，不必看別人的臉色，更不必在乎別人是怎麼想的！」

色即是空，空即是色。眼中有色，心中無色，才能坦然面對世間的各種誘惑，云居禪師雖然嘴上說能夠面對真實的考驗，可是他在不知不覺中卻看了洞山禪師的臉色，心中有色，才會掙扎，才不能回答這個問題。

到底是什麼在誘惑我們？金錢、美色、權勢……，這些讓多少人心思蕩漾，不能自已啊！

有一則寓言：一隻狼的喉嚨被一根骨頭卡住了，讓牠十分難受，於是便允諾，如果誰能把骨頭從牠的喉嚨裡掏出來，就會重金酬謝。有一隻長嘴的鶴知道這個消息後，毫不猶豫地把腦袋伸進狼的嘴裡幫牠取骨頭。當鶴把骨頭取出來，向狼索要酬金的時候，狼卻磨著牙齒冷笑地說：「哼！讓你的腦袋從我的嘴裡安然無恙地抽出來，這已經是最大的報酬了。」

重金之下，必有勇夫。看來金錢的誘惑的確很大，以至於鶴竟敢把腦袋伸進狼的嘴裡去謀利，真是捨命不捨財！仔細算來，這是一筆划不來的買賣，儘管對方出了「重金」，然而自己的本錢卻是拿生命作為賭注，未免太虧。正如狼所言，能夠全身而退，已經是很幸運的了。下一次，「狼」的嘴裡就不一定有骨頭了。而生活中這樣的圈套不得不防，否則就會落得身敗名裂！

「誘惑」——魔鬼般邪惡的字眼，毀滅了多少人的希望和夢想。金錢、美女、權勢、地位等，讓多少人心甘情願地步入它們所設的圈套。名利矇住了我們的雙眼，即使是站在懸崖邊搖搖欲墜，還會忍不住志得意滿，殊不知自己正邁向萬丈深淵。

生活在這樣一個充滿誘惑的時代，要保守一份內心的純淨，一份對世事的清醒，需要極大的毅力和勇氣。如：鋪天蓋地的廣告讓人眼花繚亂，搞不清楚狀況，明明是上了當還以為是占了便宜。生活中有太多的陷阱，所以要時刻保持一份警惕，不被誘惑迷了心竅。

人生感悟

面對誘惑，多一些思索，多一份清醒，將不會為生活的陷阱欺騙、套牢！

心中無色，才能坦然。所以，面對這些「起於青萍之末」，「徘徊於桂椒之間，翱翔於激水之上」，從四面八方吹來的風，貴在「降伏其心」，使其不為八風所侵淫、所搖動、所蠱惑！

貪念就是陷阱

從前，無果禪師為了專心參禪，在深山裡一住就是二十年，這二十年裡一直有一對母女細心地照料他。

然而，這二十年裡他並沒有取得太大的成就，他認為自己無法在那裡修行得道，所以打算出去尋師問道，解除多年來心中的疑惑。

臨行前，他向這對母女辭別時，她們對無果禪師說：「禪師，您再多留幾日吧。路上要風餐露宿，容我們為您做件衣服再上路也不遲呀！」母女的好意讓禪師無法推辭，於是只好點頭答應了。

母女二人回家後，馬上著手剪裁衣服。衣服做好了，她們又包了四錠馬蹄銀，送給無果禪師作為路費。禪師心中無比感激，他接受了母女二人的餽贈，收拾行李準備第二天一大早就走。

到了晚上，無果禪師坐禪養息，半夜裡突然出現了一個童子，後面還跟著許多人在吹拉彈奏。他們扛著一朵很大的蓮花，來到無果禪師面前說：「禪師，請上蓮花台！這就是您要去的地方。」

無果禪師心裡嘀咕：我的修行還沒有達到這種程度，這種境況來得太早了，恐怕是魔境吧！於是他沒有理會，童子又說：「禪師，請您坐上來吧，機會就只有一次，錯過了就再也不會有了哦！」抵不住童子的糾纏，無奈之下，無果禪師就把自己的拂塵插在蓮花台上。童子與諸樂人便高興地離去了。

第二天一大早，無果禪師正要動身時，那母女二人來到他家，手裡拿了一把佛塵，問道：「禪師，這可是您的物品？昨晚怎麼會從我家母馬的肚子裡生出來？」

無果禪師聽後十分吃驚，說道：「如果不是我的定力深厚，今天已經是你們家的馬兒了。」於是將馬蹄銀還給了母女二人，作別而去！

蓮花台就是一個陷阱，還好無果禪師識破它是個魔境，否則就被投入母馬的肚子裡面，成為一匹小馬了。

不要被突如其來的實惠或好運迷惑，天上是不會掉餡餅的。然而，生活中的陷阱太多了，金錢、名譽、地位、美女、機遇……，其實，所有的陷阱都有一個共同的特點，就是抓住人心中最脆弱的那根弦，使人像著了魔似的不能脫身，毫不猶豫地掉進陷阱裡。掉進陷阱的人，十人當中有十個是因為貪戀不該屬於自己的那份東西。被不屬於自己的東西所誘惑，結果總是得不償失。

一天，老張去城裡看望兒子與兒媳，走在半路上，突然見到一個精美的首飾盒滾到他的腳邊。身旁的一個小夥子眼尖手快，急忙撿了起來，打開一看，裡面竟然有一條金項鏈，還附著一張發票，上面寫著某某飾品店監製，售價三千六百元。但是老張當即拽住小夥子，讓他在原地等候失主。可是等了老半天，也沒有人來領。

那個小夥子便小聲提議兩個人私分，說：「給我一千元，項鏈歸你。」邊說邊朝巷口走去。老張一聽，這怎麼可以，但是看看項鏈，心裡就有點動搖了。他心想：我可以把它送給我的兒媳婦，當年她嫁過來的時候，我們手頭不寬裕，也沒怎麼給她買過東西。這次去看他們，正好把這個項鏈送給她，她一定會很高興的，這也是我這個做公公的一番心意。

老張的猶豫沒有逃過小夥子的眼睛，他更是一個勁地說這條項鏈有多好，今天運氣好才會遇到。老張經不住小夥子的遊說，便說：「可是我沒有這麼多錢，我是來城裡看我兒子的，身上只帶了八百塊錢。」

小夥子故作大方地說：「這樣啊，沒有關係，我就吃點虧，誰叫您年紀比我大呢？」於是，老張就把好不容易湊到的八百塊錢給了小夥子，拿著那條金項鏈美滋滋地向兒子家走去。

一到兒子家，他便把路上的事情跟兒子兒媳說了，還拿出那條金光閃閃的項鏈送給兒媳婦。小夫妻倆一聽就不對，果然，那條項鏈根本就是假的。

老張這才恍然大悟，原來人家設了一個陷阱讓他跳，他非常懊惱，因為那八百塊是準備給還沒出生的小孫子買東西的。

老張因為貪吃天上掉下來的「餡餅」而掉進了圈套。其實，這些陷阱都是人們自己挖掘的，而人生最可怕的，莫過於跳進自己親手挖的陷阱中！

人生感悟

「善利萬物而不爭」是老子的著名思想。只有做到與世無爭，我們的人生才不會有太多的貪婪和慾望，才不會被誘惑。

幾十年的人生旅途中，會有山山水水，也會有風風雨雨，有所得也就必有所失。只要我們學會了用減法來生活，就會擁有一份成熟，從而活得坦然、充實和輕鬆。

不是擁有太少，而是慾望太多

從前，有兩位很虔誠、很要好的教徒，決定一起到遙遠的聖山朝聖。兩個人背起行囊，風塵僕僕地上路，發誓不達聖山朝拜，絕不返家。

兩位教徒走啊走，走了兩個多星期之後，遇見一位白髮年長的聖者。這位聖者看到兩位如此虔誠的教徒千里迢迢前往聖山朝聖，就十分感動地告訴他們：「這裡距離聖山還有十天的腳程，但是很遺憾的是，在這十字路口我就要和你們分手了。在分手前，我要送給你們一個禮物。什麼禮物呢？就是你們當中一個人先許願，他的願望一定會馬上實現；而第二個人，就可以得到那個願望的兩倍！」

此時，其中一教徒心裡想：「這太棒了，我已經知道我想許什麼願，但我不能先講，因為如果我先許願，我就吃虧了，他就可以有雙倍的禮物！不行！」而另外一教徒也自忖：「我怎麼可以先講，讓我的朋友獲得加倍的禮物呢？」於是，兩位教徒就開始客氣起來，「你先講嘛！」「你比較年長，你先許願吧！」「不，應該你先許願！」兩位教徒彼此推來推去，「客套」一番後，他們就開始不耐煩起來，氣氛也變了：「你幹嘛！你先講啊！」「為什麼我先講？我才不要呢！」

兩個人推到最後，其中一人生氣了，大聲說道：「喂，你真是個不識相、不知好歹的人耶！你再不許願的話，我就把你的狗腿打斷、把你掐死！」

另外一人一聽，沒想到他的朋友居然變臉，竟然恐嚇自己！於是想：你這麼無情無義，我也不必對你太有情有義！我沒辦法得到的東西，你也休想得到！於是，這一教徒乾脆把心一橫，狠狠地說道：「好，我先許願！我希望——我的一隻眼睛——瞎掉！」

很快地，這位教徒的一隻眼睛瞎掉了，而與他同行的好朋友，也立刻瞎掉了兩隻眼睛！

原本，這是一件十分美好的禮物，可以使兩位好朋友共享，但是人的「貪念」與「嫉妒」，左右了心中的情緒，所以使得「祝福」變成「詛咒」，使「好友」變成「仇敵」，使得原來可以「雙贏」的事，變成兩個人瞎眼的「雙輸」！

在巴拉圭有一對即將結婚的夫妻，因為中了一張七萬五千美金的「高額彩券」而高興地大喊大叫、相互擁抱。

可是，這對馬上要結婚的新人，在中獎後的第二天，就為了「誰該擁有這筆意外之財」而鬧翻了。兩個人大吵一架，不惜撕破臉皮、鬧上法庭。為什麼呢？因為這張彩券當時是握在未婚妻手中，但是未婚夫則氣憤地告訴法官：「那張彩券是我買的，後來她把彩券放入她的皮包內，我也沒說什麼，因為她是我的未婚妻嘛！可是，她竟然這麼無恥、不要臉，居然敢說彩券是她的，是她買的！」

這對未婚夫妻在公堂上大聲吵鬧，各說各的理，絲毫不妥協、不讓步，讓法官傷透了腦筋。最後，法官下令，在尚未確定「誰是誰非」之時，發行彩券單位暫時不准發放這筆獎金！而兩位原本要結婚的佳偶，卻因爭奪獎券的歸屬而變成冤家，最後雙方決定取消婚約。

人生感悟

的確，人的私心、貪婪、嫉妒，常使人跌倒，重重地跌在自己「惡念」的禍害裡。事實上，我們所擁有的，並不是太少，而是慾望太多。慾望太多，就使自己不滿足、不知足，甚至憎恨別人所擁有的，或嫉妒別人比我們更多，以致心裡產生憂愁、憤怒和不平衡。慾望太多，是一種心理貧窮！

人生減法，找回遺失的幸福

近年來，人們的物質生活條件不斷改善，生活質量也日益提高，然而人們的幸福感卻沒有隨著物質生活水平的提高而上升。相反，越來越多的人感到自己不幸福。

為什麼覺得自己不幸福？原因很多，比如每天辛苦工作卻依然沒有錢買屬於自己的房子，或是有了房子卻對房子不滿意，想要更好的房子等。

總括來說，就是生活質量提高了，人們對物質財富的期望也大大提高了，然而人們卻發現這樣一個事實：在短暫的一生中，生活能夠給予自己的物質財富和經濟條件總是有限的。

即我們能夠得到遠遠少於我們期望得到的，所以我們覺得不幸福。在我們不斷地追求物質最大化的過程中，我們遺失了幸福。

到底什麼才是幸福？難道擁有巨大的物質財富就是幸福嗎？

還記得「五一二汶川大地震」發生後，全國人民都被地震災區慘重的傷亡景象震驚了。政府號召和民眾自發開展的救災捐贈活動得到了全國人民的響應。電視螢幕上那些掏光身上所有的錢放進捐款箱的乞丐們的身影，打動了我們所有的人。當聞訊趕到的記者採訪其中一名乞丐時，我們聽到了這樣的回答：「和那些受災的人比，我算是幸福的了。他們還有很多人被埋著呢，可是我至少能平安地活著。他們現在比我更需要這些錢，你說是吧？」

是啊，和那些在大地震中失去了家園、親人、朋友、健康乃至生命的人比起來，我們每個人，不是都擁有最平常卻最真實的幸福嗎？

人們無時無刻不在引頸翹首，苦苦地守望著幸福的方向，卻忽視了自己所立足生活的根本，最後得到那幸福的人少之又少。大多數人遭遇可嘆的命運，大多都始自在看待幸福的時候，誤把目的當作手段，在目的之上另設目的，所以大多數人覺得自己不幸福。

如果我們能捨棄那些與生命無關的慾望，既不要尋思生命歷程中的損益得失，也不必去求解在生命的下一刻會發生的事情，那麼我們必須做的，就只有把握住當下。不執著於過去與未來，不執著於損益與得失，沒有了無常幻滅的利益，把外界加於個人的成見與偏見。執著的個人意志以及諸多無益於身心健康的習慣與經驗，擾亂內心和諧的負贅，都從生活中剝離出去，從而還原出簡約生活的本來面貌，我們就會發現其實我們時刻都處在幸福之中。

人生減法所揭示的幸福告訴我們：真實的幸福不要我們翹首遙望，不要我們苦心營求，因為這幸福就是每個人當下的生活！生活，不是實現其他目的的手段，也不是被物慾操縱的工具，生活本身就是目的。當下的生活，使得我們對於發生在生活當中的一切正確或錯誤、歡樂或痛苦、成功或失敗、覺悟或迷惘……，都不必去比較、挑剔、抉擇、取捨。

人生的減法是實現人生最真實幸福的方法，它洗褪了生活的浮華表象，顯露出生活的質樸底色；拭落了附著在人生中的利慾、聲名等虛榮的矯飾，釋放出超越生命價值的光芒！當這道減法做到一切物質利益對心靈的擾亂都已捨棄，對心靈的束縛都已破除的時候，人們就會發現：當下的現實生活就是真正的幸福。

人生感悟

當人們懂得了人生的減法，便能覺察到自己的富有，才會認真地審視並發現：原來自己得到的已足夠多了！從而正視財富和自己所擁有的一切，捨棄該捨棄的，做到不慕身外之虛榮，不務分外之閒事，以珍惜、享受甚至是感恩的心，對待自己當下的生活以及生活中的一切人和事。

每個人心中的「魔鬼」

每個人心目中都有自己的魔鬼，它有時沉默有時張狂，有時聽話有時桀驁，不管你自己是否肯老實承認，它都在那兒。某些人放縱著體內的眾多矛盾「碰撞」，一次次找到新的平衡，隨意體驗人生本質；對於另一些人來說，這魔鬼不被承認，然而長期深埋後不意味著消滅，不知何時，這魔鬼便會現身……

許多時候，答案往往就在問題的本身。如果你正面臨危局，看不清形勢，最好的辦法就是認定你的潛意識無所不知，無所不能，它肯定會向你展現解決的辦法。

一個年輕人問蘇格拉底他怎樣才能獲得智慧，蘇格拉底回答說：「跟我來，孩子。」蘇格拉底把年輕人帶到河邊，把他的頭浸入水中，直到這個年輕人堅持不住要喘氣為止。蘇格拉底放了手，等他恢復鎮靜，問他說：「你在水下最需要什麼？」

「我最需要空氣。」年輕人回答。

蘇格拉底對他說：「當你需要智慧如同你在水下需要空氣一樣，你就能獲得智慧了。」

同樣，當你在生活中有了一個強烈願望，你已有了具體方案，你知道怎樣去做，知道怎樣克服困難，那麼你肯定會成功。如果你真的想獲得心理平安，一種內在的安寧，你就會有的。不管你怎樣被不公正地對待，或者一個老闆怎樣不講理，或者你碰上了一個卑鄙的惡棍，這一切對你都一樣，因為你知道你的精神力量所在，你知道你需要什麼；你不會讓仇恨、憤怒、敵意、惡念等思想擄去你的平安、健康和幸福。你的生活目的很清楚，就是平安、健康、活力、和諧和富有。如果你的思想對這些目標很明確，你就不會讓別人、讓周圍條件或意外事件等使你心煩意亂。你的思想是非物質形式的，是看不見的力量，你可以讓它來祝福你，啟迪你，讓你平安。

很小的時候，在廣播中聽到一個故事。從開始以為荒誕不經，到現在覺得匪夷所思，用了十幾年的人生閱歷來反覆品味，卻越來越覺得這個故事是如此神奇和高明。

故事講的是，一個旅者，來到一片沒有路、沒有草甚至連一株蒺藜都沒有的大漠，在廣闊灰暗的天空下，他看到一群人排成一隊，從遠處走來，向遠處走去。所有人都是駝背，因為他們每個人的背上都背著一個巨大的怪獸。怪獸醜陋而猙獰，有力而有彈性的肌肉把人緊緊地貼著，並用巨大的前爪摳住背負者的胸膛，以便它的大腦袋能緊壓在人的額頭上。旅者問他們，這樣匆忙是要去哪兒，所有的人都茫然不知。但是很明顯，他們是要去什麼地方，是被一種強烈而不可控制的慾望所驅使和推動著。

最奇怪的是這些人沒有一個對壓在自己身上的怪獸感到憤怒。相反，他們似乎認為這怪獸是自己的一部分。他們的表情疲憊而嚴肅，沒有露出絕望。但卻一直是無可奈何、注定要永遠地走下去的神情。他們就這樣不停地向前走著，腳陷在沙中，很快，風沙就淹沒了他們的足跡，直到天際。

現實中，我們每個人何嘗不是時時背負著怪獸卻又不自知呢。問題的關鍵不在於是否自知，因為我們的慾望如此之多，一生中難免會有幾次有意或者無意地背負上怪獸，有時發現了怪獸的存在，將之狠狠摔在地上，可不知不覺間或許就又背上一隻或者更多的怪獸，就這樣週而復始。我們總是在偶然拾起、背負前行、忽然發現、痛苦衡量、狠心拋下的循環中與怪獸們鬥爭。

人生感悟

問題真正的重點應該是不讓怪獸的爪子將我們緊緊地抓住，當我們沉迷於什麼的時候，該多問問自己是不是開始背負上怪獸了，是不是為它而不是為自己而前行了。請在怪獸永遠地抓牢你之前識別它並採取措施，只有這樣，我們才能輕鬆前行。

貪慕虛榮的小仙人

很久以前，在波羅國有一座深山。山上古木參天，奇花遍地，人跡罕至。只有潺潺的溪水和偶爾的鳥鳴聲，才會打破這份寂靜。

在這座深山裡，住著一老一小兩位仙人。老仙人是位得道者，面容清瘦，精神矍鑠，雪白的鬚眉下，雙目炯炯有神。小仙人雖然也希望能修得正果，卻不願像老仙人那樣整天修煉，虛榮心特別強，但是沒有多大的本事。

老仙人經過多年的苦心修煉，有了五種不可思議的神通力。老仙人到處尋訪仙人，虛心求教，而別的仙人也常常贈給他一些仙果佳釀。從北方的邯鄲國，老仙人帶回了又香又軟的大米；從閻浮羅，他提來山上從沒見過的瓜果。甚至有一天，老仙人飛上了天，尋訪天上的仙人，回來時還帶了一大堆天上的山珍海味。老仙人每次帶回美味佳餚時，總要請小仙人共同品嚐。

小仙人看到老仙人來去自如，很是威風，心裡十分羨慕。有一天，他對老仙人說：「師父，請您收我做徒弟吧，我想跟您學本事。」老仙人嚴肅地說：「年輕人，我們仙人修身養性，學習神通力，不是為了自身的便利或是滿足個人的虛榮心。如果你學習神通力是為了造福於人，那麼你將會如願以償；相反，則會荼毒人間，造成危害！」

聽了老仙人的一番話，小仙人不再吭聲了。但是過了些日子，他又看到老仙人帶回了許多好吃的東西，就再也忍不住了，苦苦哀求道：「師父，您教教我吧！我保證一定聽您的話，用心修道。我不是因為虛榮心才要學習的，而是為了福利世人，我決不會做壞事的。」

看著小仙人一臉的誠懇，經不住他三番五次的請求，老仙人終於答應把五種神通力傳授給他。小仙人費了好大功夫，總算把神通力學到了手。

小仙人學會了五種神通力後，便忍耐不住山上的寂寞，總想到處炫耀一番，可在這個連一個人影都看不到的深山老林裡，他怎麼可能聽到別人的讚揚聲呢？

於是有一天，小仙人偷偷地下了山，來到城裡。

熱鬧的街道上滿是熙熙攘攘的人群，只見一個年輕人拔地而起，騰雲駕霧，大家都看呆了。人們圍攏來讚不絕口：「這個年輕人真不簡單，本領可真大啊！」聽著大夥兒的一片讚揚聲，小仙人不禁揚揚得意起來，於是他使出了各種神通力展示給眾人看。

虛榮的小仙人自此常常下山，在男女老幼面前表演神通力，不久便名聲大振。

一次，小仙人正在賣力表演時，不巧被老仙人撞見了。老仙人沉下臉來說道：「年輕人，若是心術不正，總有一天你會喪失神通力。」

可是小仙人對老仙人的好言相勸充耳不聞，反而以為老仙人故意讓他在眾人面前出醜，便到處誹謗老仙人，說老仙人是嫉妒他的本事，見不得年輕人比自己強等等。

流言傳到老仙人耳裡，他只是淡淡一笑，也不做任何辯解，因為他知道他的預言終有一日會變成現實。

果然，沒過多久，小仙人在一次表演中，竟然失足跌了下來，眾人哄堂大笑。他試圖再次拔地而起，卻怎麼也升不上天空了。小仙人不甘心在眾人面前丟人現眼，便一遍遍地施展各種神通，得到的卻總是眾人嘲諷的笑聲，原來他的神通力已經徹底消失了。

沮喪的小仙人這才懊悔不該把老仙人的忠告當成耳邊風，可是一切都已經晚了，他只能在眾人的斥責聲中暗然地離去……

虛榮只是表面的榮耀、虛幻的美名而已，是人們過分追求美譽的膨脹，是一種輕浮，一種不真實。所以小仙人再怎麼挖空心思地去博取掌聲，最終也不能贏得世人的欽佩！

有一隻公山羊看見母山羊也長著與它一樣充滿魅力的鬍鬚，很不高興地向天帝抗議：「雌性怎麼可以與我一樣尊貴呢？」

天帝回答它，說：「這點小事你就忍耐一下吧！牠雖然長著一個貌似高貴的雄性標記，但牠的力量和勇氣永遠也不能和你相比！」

公山羊想了一想，覺得天帝說得挺有道理的。

空有虛榮的外表和形式上的尊貴是沒有意義的，只有確實的勇氣和力量才能使人立於不敗之地，真正獲得他人的尊重和敬畏。

所以，做人不應該太注重虛名浮利，而要踏踏實實地培養自己各方面的素質與能力，因為實力才是證明自我身價的基準。虛榮不過是文過飾非的偽善，只會招致淺薄和庸俗。

人生感悟

在記憶深處，有這麼一則故事，有位瘦子想變成胖子，就把自己的臉打腫，然後和別人說，自己變胖了。故事很簡單，卻引人深思。

拒絕虛榮，因為它使高貴者卑劣，使智者愚拙，使強者羸弱，使天才平庸！

吃小虧，占大便宜

貪小便宜的人往往吃大虧。在貪便宜的人眼裡，只有眼前的蠅頭小利，而沒有考慮到長久的大利益，更沒有想到要堅持大義。因此，不管是別人唆使，或者是故意拋給你的小便宜，你千萬不要因一時貪心而接受，而是要讓自己的理智作為占小便宜的哨兵，加以拒絕。

有位智人告誡他的弟子們，要有寬大的胸襟，要有遠大的眼光與志向，不要爭一時之長短，他說：「老鷹有時會飛得比雞還低。」

人與人之間就天生的素質來說，總是差不多的。有人說，即使是天才和常人，他們的區別也僅僅像警犬與普通狗之間的區別。也就是說，人生來在才智上相差不大，但後天努力的差別就大了。

大抵說來，人的時間、精力有限。讓有限的時間、精力造就人生最大的成功，就必須要專心致志，要揀成功後價值最大的事情去做。這就是有所為、有所不為才大有所為。選準自己的目標，踏踏實實地去做，不要被別人的成功晃花眼睛，更不要為眼前的蠅頭小利所迷惑。

這裡重要的是確定自己的目標，其次是堅持不懈。

一般的規律是，越是巨大的成功、越是偉大的事業，需要付出的努力與犧牲也就越大。你會看到人家小利不斷，既熱鬧又神氣，而你卻守著遠大的目標忍受著寂寞。

這是必然的。沒有這點思想準備與意志，是不能成大氣候的。

莊子曾講一個故事，釣小魚蝦的人，扛著魚竿，東遊西蕩，池邊、河邊、湖邊，熱鬧快活，天天有所得。某王子卻在海邊釣海魚，他的魚鉤像大鐵錨，釣繩像水桶一樣粗。他長年累月坐在海邊垂釣，一坐十年無所收穫，別人都覺得這個人笨。

十年之後，王子終於釣到一條大魚。他把魚弄上岸，分割開來，讓全國的人都能享受這條魚肉的鮮美，好長時間吃不完。

現代生活中也經常有這樣的事情，有些人因為自己一時貪圖小便宜，而從大局上損失的事實在屢見不鮮。比如，在工作中因為貪污一、二百元，而被開除公職的；因為占女同事的小便宜，而失去晉陞的機會等。

不管是自己的原因，還是別人的原因，只要是覺得不合乎情理的小便宜，就必須加以小心。如果別人給了你什麼好處，你若聰明就應當有所警覺。用「吃虧就是占便宜」的心態做事做人可積累你的工作經驗、提高你的做事能力、擴張你的人際網絡。

小楊剛畢業，進入一家出版社工作。他的文筆很好，更可貴的是他的工作態度。那時出版社正在進行一套大書的編輯，每個人都很忙，但領導並沒有增加人手的打算，於是編輯部的人也被派到發行部、業務部幫忙，但整個編輯部只有小楊接受領導的指派，其他的人都是去一、兩次就抗議了。

小楊說：「吃虧就是占便宜嘛！」

事實上也看不出他有什麼便宜好占，因為他要幫忙包書、送書，像個捆工一樣！

他真是個可隨意指揮的員工，後來他又去業務部，參與直銷的工作，此外，連取稿、跑印刷廠、郵寄……，只要開口要求，他都樂意幫忙！

「反正吃虧就是占便宜嘛！」他總這麼說。

幾年過後，小楊離開了那家出版社，到另一家出版社任副社長，工作起來得心應手。

原來他是在「吃虧」的時候，把一家出版社的編輯、發行、直銷等工作都摸熟，他真的是占了「便宜」啊！

現在他仍然抱著這種態度做事。對作者，他用「吃虧」來換取作者信任，對員工，他用「吃虧」來換取他們的忠心……。

人生感悟

要做到戒貪小便宜，就必須從主觀意識的角度杜絕這種眼光短淺、愚蠢的思想，放寬眼光，明以大義，從大處著手。此外，從外部環境講，應建立完善的制度，並輔以思想教育，減少甚至消除有小便宜可貪的條件。世界上的許多大錯誤，實際上就是從貪小便宜開始的。

人比人，氣死人

佛經上稱，世間為欲界。欲是什麼？欲是生命內在的希求，有從生理上發出的，也有從心理上發出的。

世人有五欲：財慾，即對財富的希求；色慾，對男女歡愛的希求；名欲，對名譽地位的希求；食慾，對飲食美味的希求；睡欲，對睡眠的希求。有情生命總是在五欲境界中不停地追逐，尋找所謂的幸福。

生活在慾望中，總想占有一切，於是容不得別人比自己好，什麼事情都要比較。這樣有了分別心、比較心，就很難解脫了。因為帶著比較心態生活的人，永遠都沒有滿足的時候，而且一旦落於人後，便會產生酸葡萄的心理。

俗話說「人比人，氣死人」。人的煩惱就是從比較、計較中產生的，從小在家中比較父母疼愛誰多一點，計較父母的偏心；上學後，學會與人比較誰的分數高，計較老師喜歡誰；踏入社會則又比較誰的薪水高，計較老闆對誰好；即使父母去世了，還要計較誰分得的遺產多一點。就因為一切都要比較，各種紛爭就應運而生了，甚至很多罪惡也是由此而起。

其實，與別人比較，是相當辛苦的事。生活屬於我們自己，為什麼要整天追隨別人的腳步呢？我們的地位可以卑微，我們的金錢可以不如別人多，但我們自己的權利和任何人都是平等的。只有不比較、不計較，不把注意力集中在別人身上，才能將自己有限的時間全部融入自我的生命中，做出傑出的事業，最終不愧於來此一遭。在心靈的坦然與安然中，生活的自適與自得中，懂得欣賞他人的榮耀、成就、美麗，這才是一種修養、一種風度！

佛教觀念告訴我們，外相的一切都是虛空，不要在表相上分別與比較。人生最大的缺憾，莫過於和別人比較，放棄自己。外來的比較，讓我們心靈動盪，不得自在，甚至迷失自己，障蔽了心靈深處原有的氤氳馨香。

無比較心，做我們自己，人生就不會痛苦，不會迷亂。所以，不和別人比較，才能獲得內心的平衡，才能悠然自得，才能找到一份安樂。

享受自己的生活，不要與別人攀比，真正領悟和學會了這一點，生活中會減少許多無謂的煩惱。

人生感悟

和高人比較，讓我們自卑；和俗人比較，讓我們低級；和失敗者比較，讓我們自滿。

其實，不必總拿自己和別人比較，每個人都有自己的生活方式。可以從小事做起，不要選擇很難做成的事情，而是從很多小事情中，來獲得成功的體驗，進一步樹立自信心。

禍莫大於不知足，咎莫大於欲得

《老子》第四十六章說：「禍莫大於不知足，咎莫大於欲得。」災禍沒有比貪得無厭更大的，過失沒有比貪得無厭更嚴重的。

在我看來，老子這位智者勸導人們要知足、節制，其實質上就是說人生需要減法。人生減法使人更能清醒、科學地悟透人生的內涵，合理安排人生的進退取捨，有所為、有所不為，使人生不至於走向極端，從而使人生更充滿活力，更健康、更有利於社會，進而使人生更有意義。

減掉過多的慾望使人生幸福。看淡名利的人往往具有較強的心理承受能力，能在人生成敗面前保持平和的心態。我不反對人們樹立自己的遠大理想，但我以為，人生目標過於遠大對人生未必是一種好事。人生是豐富多彩的，而過高的目標和要求往往使人生進入一種高壓和單調的胡同中，難以自拔，弄不好會走向健康人生的反面。

從前有個孩子，伸手到一隻裝滿榛果的瓶裡，他盡其所能地抓了一把榛果，當他想把手收回時，手卻被瓶口卡住了。他既不願放棄榛果，又不能把手縮出來，不禁傷心地哭了。這時一個旁人告訴他：「只拿一半，讓你的拳頭小些，那麼你的手就可以很容易地拿出來了。」

貪婪是大多數人的通病，有時候只抓住自己想要的東西不放，就會為自己帶來壓力、痛苦、焦慮和不安。往往什麼都不願放棄的人，結果卻什麼也沒有得到。

多少人因為貪婪而墮落，甚至有為了滿足貪慾鋌而走險，最終做出讓自己後悔不已的事。當心中滿是好逸惡勞的念頭時，人們的腳步也會開始走偏，直到錯誤造成，後悔已經來不及了。

有一則印度寓言故事，頗值得我們深思。

一隻死去的大象靜靜躺在幽僻的恆河邊，正巧被一隻出來尋覓食物的狼看見了。狼高興地想：「哇，我今天運氣真好！」

牠快步來到大象身邊，並用力朝著象鼻咬了一口，但是象鼻硬得就像根木頭，狼生氣地破口大罵：「這是什麼鬼玩意兒，居然咬不動！」

於是，牠回頭去咬象耳，沒想到還是咬不動，轉到象的腹部仍然咬不動，牠東咬一口，西咬一口，大象的全身幾乎都咬遍了，仍然沒有一個可以被咬下一口的部位。

牠哀怨地說：「我的天，我快餓死了，怎麼沒有一個地方咬得動呢？」

最後，牠找到了大象的屁股，再次用力一咬，這回居然咬動了，而且咀嚼起來就像剛剛活捉的小羊的肉，既鬆軟又可口。

這下狼開心地自言自語說：「這才像樣，看來大象身上最柔軟可口的地方，只有這裡！」

只見貪吃的狼，從大象的屁股開始，不斷地往裡頭鑽食。牠從屁股吃到了象肚，當吃完象的內臟，喝了幾口象血之後，便舒服地躺在象肚裡睡覺。牠醒來時，想了想：窩在這個像肚裡有得吃，又有得住，何必再去別的地方找食物呢？就這樣，狼在象肚裡舒舒服服地住了下來。

只是牠沒料到，在烈日的照射下，大象的屍體開始緊縮，特別是送入空氣的肛門處已經越縮越小。

終於有一天，狼醒來時，象肚裡居然一片漆黑。其實在這之前，象肚裡的肉質早就變硬，象血也早已枯竭，但是已經安逸於象肚裡的狼一點也不介意，直到伸手不見五指時，牠才警覺到大事不妙了。

狼發現出口不見了，感到萬分驚恐，不住地在象肚裡東突西竄，又撞又踢，只是不管牠怎麼撞，就是撞不出一個逃生的出口。

直到有一天，天空下了一場大雨，象屍因為浸泡在雨水中，全身開始腫脹，不久肛門口也鬆開了，透進了一點微光。

狼看見這點微光，開心地來到肛門口：「得救了！」

只見牠用力地衝向出口，終於拼了命地鑽了出來。只不過，因為用力過猛，牠身上的毛全被象皮給磨光了。

牠逃出象肚，立即奔到河邊喝水解渴，這才從河的倒影中，發現自己居然全身光禿禿。狼嘆了口氣：「唉～都怪我太貪心了，現在弄成這副德行，怎能見人呢？」

許多人就像故事裡的狼，一旦生活在舒適、安逸的環境之中，不僅容易失去理性的判斷，喪失應變能力，也會讓自己不自覺地朝著陷阱走去。貪婪往往總與怠惰懶散伴隨，貪心也經常與享樂同行。

對於我們每個人來說，錢並非越多越好，多了可能會惹來無妄之災，當然也不是越少越好。人生苦短，比金錢更貴重的東西還有很多，例如精神、情義、智慧等。正如我們所知，這些都不是金錢所能衡量和買得到的。

人生感悟

人有慾望和追求是無可厚非的，如果人沒有了慾望和追求，那活得也會像行屍走肉一般，沒有任何意義。然而，在慾望和追求的背後，一定要懂得知足常樂的道理。要明白，並不是所有的慾望都可以滿足，所有的追求都可以實現。要記住：知足之人心常樂，能忍之士心自安。

簡單生活之美

有這麼一則小故事，一個窮人向神仙祈求財富，神仙告訴他在家鄉一直往東的沙漠深處有很多金幣。於是，窮人來到沙漠深處，將金幣裝滿了帶來的所有布袋，但他還不滿足，將全身口袋、帽子、鞋襪，只要能裝東西的地方都塞滿金幣。金幣沉重的負擔讓窮人步履維艱，神仙告訴他只要放下一些金幣就能輕鬆走出沙漠，可是窮人捨不得放棄任何一枚金幣，於是，他在又累又渴中幾乎寸步難行，最後困死在沙漠中。

當今社會，是一個物慾橫飛的年代，許多人都將自己的人生設定為加法和乘法，恨不得將世界上所有美好的東西都攬在自己懷裡，希望獲得更多。財富越積越多，權位越爬越高，不斷追求利益的最大化和超越化，以為越多越好，多一樣就為自己的生存多加一個砝碼。無休止地累加，擁塞了整個生活空間，使人們整天累得氣喘吁吁，就像故事中的那個窮人一樣，被困於慾望的囚籠，甚至為之喪命。

當你面帶倦容，滿身疲憊之時，為何不停下腳步問問內心深處自己想要的到底是什麼？是否想過在人生路上用減法，減去豪華奢侈回歸純樸舒心，減去追名逐利享受寧靜淡泊，減去聽信讒言而釋然心靈，減去一次奢華的酒宴，與家人一起共進晚餐……。

減法人生的道理自古有之，《史記．李將軍列傳》中提到李廣在帶兵打仗中「乏絕之處，見水，士卒不飲，廣不近水；士卒不食，廣不近食」，正是李將軍減去了本可以享有的特權，才能團結士兵凝聚力，戰無不勝。曾有一本《不如簡單》的書，裡面也寫到：「面對世事的複雜，你想簡單，又每每不敢。簡單需要心的超脫與欲的超脫。它是對天地的達觀、對生死的洞察。倘有所悟，簡單就不只是一點勇敢和機智，而是生存方式的一種選擇、返璞歸真的一種活法。」

要知道工作是永遠做不完，也無法達到完美的，目標也永遠沒有盡頭，鳥翼承載重量就無法飛遠，懂得減去各種包袱，減去名利貪婪，才能使人生的步伐更加坦然，更加輕快。屬於自己的，要努力爭取；不屬於自己的，也絕不強求。

一個人之所以會感到快樂，並不是因為他擁有得多，而是因為他計較得少。懷著豁達的心態，體會與世界一樣博大的胸襟，適時地給自己的人生做些減法，邁著輕盈的腳步走在沒有疲倦的人生旅途中，輕鬆、從容地欣賞沿途的風景，你會發現減法人生並不意味著失去，而是更大的收穫。

恰如人生，在一次次地減法程序完成後，靈魂才得以淨化。

靈動如水的江南，減去了皇宮的奢華富態，選擇了青磚黛瓦；減去了園林刻意布置，選擇了隨意點綴；減去了泰山的高不可及，選擇了流水潺潺安然自流的閒適。正是在一道道減法

題中，江南減出了個性，減出了氣質，減得了「吳儂輕聲鶯語，小橋流水人家」的天上人間。

這時，有人唱起了一首《橄欖樹》。三毛正背著行囊在沙漠中行進。她的人生減去了沉重的金錢名利的負擔，將其埋入沙土，踩踏著它，走向新的旅程。正是這一道減法，減得了一個人清麗的靈魂，減得了沒有銅臭的世界，減得了詩意般的生活。

這是一個人的減法，當一個國家的人做著人生的減法時，我們看到了民族的成長。

當中國體操選手李寧在一次奧運會中因傷無緣金牌時，有人寄給他刀片，有人寄給他繩子（示意他自殺）；而當中國田徑選手劉翔因傷退出比賽，卻得到人們無限的理解：我們愛金牌，但我們更愛你！當國人的身心減去對金牌的盲目追求，減去濃重的名利心時，一個民族體現了她的人文關懷，邁向了精神文明道路的新起點。

人生的減法，就像一台淨水機，沉澱下人世的塵埃，留得了一片清純之水。

蘇軾減去黑暗官場的留戀，留下一雙輕勝馬的草鞋；柳宗元減去奸臣的譏諷嘲笑，得了清高冷豔的靈魂；比爾．蓋茨減去百億家財，迎來鄉村生活的祥和與寧靜……。

人生感悟

平凡的生活，不經意的來去，給自己一種恬淡，給自己一種隨意。日子，本就該過得簡單一點。一切簡單就好。

其實，不要去刻意追求什麼，不要向生命索取什麼，不要為了什麼去給自己塑造形象，要知道，簡單本身就是一種幸福。

來自佛陀的指示：「放下」

有一個人經常出門辦事，跋山涉水，非常地辛苦。一次經過險峻的懸崖，一不小心跌到深谷裡去了。此人眼看生命危在旦夕，雙手便在空中攀抓，剛好抓住懸崖壁上枯樹的老枝，總算保住了生命，但是人懸蕩在半空中，上下不得，進退維谷，不知如何是好。這時，他忽然看到慈悲的佛陀站在懸崖上，正慈祥地看著自己。

此人如見救星般趕快求佛陀：「佛陀！求求您發發慈悲，救我吧！」

「我救你可以，但是你要聽我的話，我才有辦法救你上來。」佛陀慈祥地說。

「佛陀！到了這種地步，我怎敢不聽您的話呢？隨您說什麼，我全都聽您的。」

「好吧！那麼請你把攀住樹枝的手放下！」

此人一聽，心想：「把手一放，勢必掉到萬丈深淵，跌得粉身碎骨，哪還保得住生命？」

因此，他更是抓緊樹枝不放。佛陀看到此人執迷不悟，只好離去。

在懸崖上面，只有把手放下來才能得救。「放下」是非常不容易做到的，有了權勢，就對權勢放不下；有了功名，就對功名放不下；有了金錢，就對金錢放不下；有了愛情，就對愛情放不下；有了事業，就對事業放不下。

有一對很要好的朋友在樹林裡散步，突然有個乞丐慌忙地從叢林中跑出來，他們便問道：「什麼事讓你這麼驚慌失措？」

乞丐說：「太可怕了，我在樹林裡挖到一堆金子！」

兩個人心裡禁不住想：「這個人真是傻瓜！挖到黃金，這麼好的事情居然覺得害怕！」於是他們問道：「你在哪裡挖到的？能告訴我們嗎？」

乞丐問：「這麼厲害的東西，你們不怕嗎？它會吃人的！」

那兩個人不以為然地說：「我們不怕，請你告訴我們在哪兒吧！」

乞丐說：「就在森林最東邊的樹下面。」

兩個朋友立刻找到那個地方，果然發現了很多金子。

一個人對另一個人說：「這個乞丐真是愚蠢，有這些金子他根本用不著再討飯了，而且人人渴望的金子在他眼裡卻成了吃人的東西！真是個傻瓜，難怪要討一輩子飯。」

另一個人也隨聲附和地點頭稱是。

他們於是討論怎麼處置這些金子，其中一人說：「白天拿回去不太安全，還是晚上再拿回去吧！我在這兒看著，你回去拿些飯菜，我們等到天黑再把金子拿回去吧！」

另外一個人就照他說的去做了。留下的那個想：「如果這些金子都歸我一個人多好呀！等他回來，我就用棍子打死他，這些金子就都屬於我了。」他開心地笑了。

回去拿飯的人也在想，獨占這些金子多好，於是就在飯菜裡下毒，想毒死他這位朋友。剛回到樹下，那個朋友就用木棍將他打死，然後說道：「親愛的朋友，我本不想殺你的，可是這堆金子逼迫我這樣做。」

之後，他拿起朋友送來的飯菜，狼吞虎嚥地吃起來。沒多久，他就覺得肚子裡如火燒一樣，他知道自己中毒了，臨死前他無限感嘆地說：「乞丐說的話真是一點都沒錯呀！」

為了金錢殺害自己最親密的朋友，人為財死，鳥為食亡，這是多麼悲哀的一幕！因為貪戀而放不下，這是非常危險的，它傷害的不僅是自己，還有別人，甚至可能是我們至親至愛的人。必要的時候，佛陀指示的「放下」，不失為一條幸福解脫之道！

人生感悟

放下對權勢、功名、金錢等的貪念，就是放下了危險，只有這樣我們才能夠得救。

人生在世，有許多東西是須要不斷放棄的。在仕途中，放棄對權力的追逐，隨遇而安，得到的是寧靜與淡泊；在生意場中，放棄對金錢無止境的掠奪，得到的是安心和快樂。古人云：無慾則剛。這其實是一種境界，一種修養。

該放棄時且放棄

飲食男女，誰能無慾？慾望，是人生太沉重的行李，沒有慾望，人生就像夢一樣不現實；慾望太多，人生又會像夢一樣難以實現。生命之舟，若是裝載了太多太重的慾望，就會失去自己立足的空間，或是顛覆，或是擱淺。

該放下的時候，不如放下。放下那些重荷，放下那些壓力與負擔，放下那些無休止的慾望與貪婪。

放棄了都市的戀戀風塵，享受的是鄉村的恬淡安逸；放棄了鮮花、掌聲、名利，收穫的是簡單真實的自己；放棄了花開的絢麗，未嘗就得不到果實的芬芳；放棄了刻骨銘心的感情，留下了難忘的美好記憶。

人生的別名叫「難以琢磨」。它會時不時地給你出幾道選擇題。這時，放棄需要智慧。

頭腦要清醒，懂得分辨方向，視角敏銳，要善於捕捉命運的轉機。「兩弊相衡取其輕，兩利相權取其重」，一次成功的放棄是成熟和智慧的見證，必將換來雨後的晴空和雨水洗過的美麗。

放棄自己無法得到的東西，自己輕鬆，他人受益，看似放棄，實則收穫。放棄了物質享受，收穫了精神食糧。送人玫瑰，手有餘香，這樣的放棄，又怎麼能說不是一種快樂呢？

印度領袖甘地曾經買了一雙價錢不菲的鞋子，乘火車回家的時候，不小心掉了一隻，但是在火車都啟動後，他才發現少了一隻鞋。車上的人都深表惋惜，他卻做出了驚人的舉動，把剩下的另一隻鞋拋向窗外。人們疑惑地看向他，他微笑著說：「這只鞋再昂貴，對於我來說也沒有任何的用處了，不如把剩下的這只也扔出去，說不定被什麼人拾了去，湊成一雙，還能穿呢！」

有時候，放棄也是一種大愛。聽過這樣一個故事：兩個女人為了爭奪一個孩子來到了衙門，縣太爺難以分辨誰才是孩子的真正母親，就命令衙役把孩子撕成兩半，一人分一半。這時其中的一個女人哭著說：「我不要了，孩子給她吧！」縣令由此斷定這個女人才是孩子的親生母親。因為只有親生母親，才不忍心讓孩子受到半點傷害。最愛的人往往最先放手。

有一篇小說中的女主人公，為了自己深愛男人的名聲與仕途，毅然地選擇了放棄。為了讓他死心，她甚至找別的男人客串自己的情人，不惜背負水性楊花的罵名。直到最後，那個男人才醒悟，那些來自於她的有意傷害，全都是愛！懂得珍惜，才會選擇放棄。

放棄是一種成熟的象徵，是心甘情願的付出，是胸口說不出的痛，也是痛苦過後那蔓延開來的淡淡的幸福。

老子的《道德經》泱泱五千言，濃縮精華莫過於一句話：無為無所不為，無得無所不得，無求無所不求。放棄不是消極，不是逃避；放棄是種自然，是一種通透的領悟。

人生感悟

放棄是一種美麗，一種睿智，一種快樂，一種解脫；更多的時候，放棄是一種大愛，一種思想，一種境界，一種能力。不學會放棄，又怎麼能真正地獲取？於是，放棄是人生必做的減法，是我們應該直面的課題。

來自哈佛大學商學院的心理課

哈佛大學商學院曾做過一個有趣的心理調查。調查人員給調查的對象打了個電話，問道：「你現在在做什麼嗎？」「上班。」「上班感覺如何？」「沒勁極了，枯燥乏味。」

「那你希望做點什麼？」「再等兩個小時下班就好，我可以和同事一起去酒吧。」

兩個小時後，調查人員又打了他的電話。「你現在在做什麼嗎？」「和同事在酒吧。」「感覺好些了吧！」「還是沒勁，都是些無聊的話題，我正打算去找女朋友。」

過了一小時，調查人員再次撥通了他的電話。「和女朋友一起快樂嗎？」「別提了，煩死啦！說話時，有個女同事打電話來，詢問工作上的事情，女朋友硬是要我交待是不是有外遇。你說這哪能不煩？算了，我還是回家休息。」

到了晚上，調查人員的電話剛撥通，這個被調查者就先開口了：「別問了，很沒勁，雜誌翻完，影片看完，有點寂寞。」「那你想怎樣？」「還是上班好，明天工作努力點，好讓薪水多增加點。」

這是有一年春天，我剛進一家著名外資食品企業做推銷員時，企業培訓師講的一個案例。培訓師語重心長地說：「仁者見仁，智者見智。這個故事很簡單，但是能悟出的東西卻很多。誰悟得越多越深，誰就有可能幹得更好。競爭很殘酷，大家好好幹吧！」

那次公司招聘的推銷員有上百名，兩個月後，有三分之二的人被淘汰。學歷最低的我，卻留了下來。我留下來還真得益於這個故事。

一開始促銷真的很艱難，從早忙到晚也沒搞定一份訂單，有時真想不做了。

咬咬牙堅持住，困難很快就過去，我最終通過了試用期。因為刻苦、誠信，我的客戶越來越多。半年後，我當上銷售主管。事情變複雜，矛盾也多了，心情也容易急躁，但是想到那個心理調查，何不心平氣和地生活？每一份工作其實都有它的樂趣，應該珍惜「現在」。

一年以後，我有了自己的公司，代理幾個食品品牌。跳槽時很多人都反對，升到銷售經理很不容易，要珍惜啊！但是，珍惜和進取並不矛盾啊！因為珍惜，所以進取。進取是更好的珍惜，進取重在擁有一種好的心態。

那個被調查的職員最後不是說了一句「還是上班好，明天工作努力點，好讓薪水多增加點」嗎？其實這句話的後面還可以得到無數的暗示引申——「薪水多增加點，生活現狀改善點，生活質量提高點，女友自然會愛我多一點，於是心情自然會高興點……。」每個人都渴望進取，但並不是每一個人都學會了調整心態，真正進取。

有了自己的公司，有了自己的員工，我也給新招聘的他們說了那個心理測試，希望他們悟出的比我要多要深。

人生感悟

曾經擁有的，不要忘記；已經得到的，更要珍惜；屬於自己的，不要放棄；已經失去的，留作回憶；想要得到的，必須努力。

因為懂得生活的不易，所以珍惜現在的生活，適當地減少自己的欲求，對人對己都有好處。

第三章
有一種愛叫放手

放棄一個很愛你的人並不痛苦，放棄一個你很愛的人那才痛苦，愛上一個不愛你的人那更加痛苦。人的感情也是有底線的，與其苦苦等待不可能有的結果，還不如儘早放棄！放棄也是一種愛！這是愛一個人的最高境界。

最美的愛情，我們看不到

幾年前，她在一家廣播電台主持夜間熱線節目，節目有一個很好聽的名字——《相約到天明》。那時，她只有二十四歲，年輕漂亮，活潑可愛，青春逼人。每天早晨，她從廣播電台的石階上走下來，然後就在二十一路車的站台上等候早班車。

很多次他和她都在這裡不期而遇。那年，他剛剛來到這個新興的城市，他是她最忠實的聽眾。最初打動他的是她的聲音，閃電一般擊中了他那顆寂寞的內心。

二十一路車的頭一班車總在清晨的六點三十分準時開來。他選了她後排的一個位置，默默地看著她，就像聽她的節目。

對此，她卻一無所知。她的男朋友剛去澳大利亞，男朋友二十六歲，一表人才，在一家澳大利亞公司做策畫，能說一口流利的英語和法語。他去澳大利亞時，她送他，飛機從首都國際機場起飛，然後在天空中變得像一隻放在櫥窗裡的模型，呼嘯的聲音還殘留在她的耳旁，她才把抑制了許久的淚水釋放。她不想讓他看見她的脆弱，卻有一種只有自己才能體會的痛。這是她第一次愛情中的分別……，她得恪守著自己的諾言，她對他說：「不管你什麼時候回來，我都會等你……。」她不是那種愛許諾的人。因為她真的很愛他才說了這句話。

她不需要他對她承諾什麼，既然愛一個人，就應該給他最大的空間和自由。

二十一路早班車從城市的中心穿過，停停走走。她下了車，他也下了車，他看到她走進一棟十八層的公寓，然後看到第十六層樓的一扇窗的粉紅色的窗簾拉開了，她的影子晃過。他想，那些初升的陽光此時已透過她的窗戶，然後落在她的臉上，一片緋紅。

有一天，他撥通了她的熱線電話。他問她：「我很愛一個女孩子，但我並不知道她是否喜歡我，我該怎麼辦？」她的答案就通過電波傳到他的耳際：「告訴她，愛不能錯過。」

第二天清晨，二十一路車的站台上，他早早地出現在那裡。她照樣從電台的石階上走下來，他又坐在她的後排。車又在那棟十八層的公寓前停了下來。他跟著她下了車，但還是眼睜睜地看著她進了大門，因為沒有說話的理由、沒有戲劇化的情節。他是那種很謹慎的男孩，他不想讓她認為他很魯莽。

終於有一天，車晚點了。後來他們才知道車在路上出了點故障。那時已是冬天，她在站台上等車，有點焦急。因為風大，她穿得很單薄，她走過來問他：幾點了？他告訴她準確的時間。站台上只有他們倆。她哈著寒氣。他對她說：「很喜歡你主持的節目」。她就笑：「真的？」他說：「真的，聽你的節目已有一年了。」他還說：「我問過你一個問題的，但你不會記得。」於是他就說了那個問題。她說：「原來是你。」就問他：「後來你有沒有告訴那個人呢？」他搖搖頭說：「怕拒絕。」她又說：「不問，你怎麼會知道呢？」她還告訴他：

「我的男朋友追我時，也像你一樣。後來他對我說，我就答應了。現在他去了澳大利亞，三年後他就回來……。」

車來了，乘客也多了。在老地方，她下了車，這次他卻沒有下，心中的寒冷比冬天還深。故事好像就這樣該結束了。但在次年春天的一個午後，她答應他去一家叫「回眸」的茶坊。因為他說他要離開這個城市，很想和她聊聊，聊完之後，他就會遺忘這個城市。她覺得這個男孩子滿腹心思，有點痴情有點可愛，只是她怎麼也沒有想到他會說他愛的人是她。她確實驚呆了，但還是沒有接受。她說：「不可能的，因為我對男朋友說過：『不管他什麼時候回來，我都會等他……。』我們是沒有可能的。」他並沒有覺得傷心，很久以前他就知道會有這樣的結局。「我走了，愛情留在這個城市裡。」他說。

午後，冬天的陽光暖暖地灑在大街上，他像一滴水一樣在人群中消失了。

愛情有時就是這樣：相遇了，是緣；散了，也是緣，只是淺了。她繼續做她的熱線節目。

她的男朋友終於回國了，帶著一位法國女孩。他約她出來，在曾經常見的地方。他神不守舍地說了一些不著邊際的話。「我想和你說一件事……。」他終於說。無奈的荒涼在那一刻迅速蔓延，像潮水一樣，她只恨到現在才知道。痴心付諸流水，只是太晚了。覆水難收。

她請了一段時間的假，待在家裡，只是睡，太疲倦了。一起走過的大街，看過的街景，說過的話……，愛過、疼過的故事都淡了。她心如止水地上班去。

其實，他並沒有離開這個城市，只是不再乘二十一路車。他依舊聽她的熱線，是她最忠實的聽眾，甚至於有點迷戀從前的那種絕望。

有近一個星期，他沒有聽到她的聲音，以為她出差了，或舉行婚禮了……，有些牽掛。

三年後，一個很偶然的機會，他讀到她的一本自傳——《晚上醒著的女人》。

書中寫了她失敗的初戀，也寫了一個很像他的男孩，還有那家叫「回眸」的茶坊……，那時他結婚剛一年，妻子是他的同事，一個很聽話的女孩。

人生感悟

愛一個人很難，忘掉一個人更難。思念著的只是你的苦樂和你相似的眼睛。無所謂選擇，無所謂傷痛，我只知道時間的手心已慢慢漾滿相思。誰的故事沒有傷悲，哪一種愛可以平淡而雋永？誰不是繁華裡善變的青藤？

因為愛，所以放手

愛一個人難，找一個相愛的人更難。成功的愛情固然是幸福的，但失敗的愛情並不是不幸。至少可以從中吸取一些經驗和教訓，而不再重蹈覆轍。文娟愛得很痛苦，她是一個失敗者，但她無怨無悔，至少她曾經愛過，這就已足夠。

長時間沒有打開即時通訊軟體了，因為文娟忙著寫文集，沒有了閒聊的時間，今天無意中，文娟打開即時通訊軟體，竟然看見了少良的留言：「我一直在等你呢！」

文娟苦澀地笑了：「是等我嗎？還是你根本就找不到你愛的人？」

看著他的留言，文娟非常難過，他曾經是她最愛的男人！

文娟的眼淚也不由自主地流了下來。「少良啊，你可知道我的心？你可知道，因為愛你，所以才離開你。」

於是文娟和少良的往事，又一次浮現在文娟的眼前。

認識少良，是在三年前的除夕夜裡，正當別人都興沖沖地欣賞春節晚會的時候，文娟心情很煩躁，她打開電腦，於是，就遇到了他——極品男人。

他們簡單地寒暄幾句，文娟就發現他很憂鬱，他的聲音有點低沉，他的話語有點慢。給文娟的感覺，他應該是一個有故事的男人。

「除夕夜裡應該開心啊！你怎麼不高興呢？」文娟好奇地問。

「因為我想我的愛人了！」他簡單而平淡地回答。

「那你可以去找她啊？過年了，她不在家嗎？你們吵架了？」文娟的問題他很久也沒有回答。

「若問伴侶今何在，西方極樂似神仙。留下寡人獨相思，淚灑衣衫憶前妻。」在電腦上，他打過來一首詩。

看了他寫的詩，文娟才知道他的愛人，已經不在人世了。於是，為了安慰他，文娟也給他寫了兩首詩：

春去秋來又一年，昔日恩愛已無緣。
海誓山盟成幻影，除夕夜裡淚濕衫。
欲問知音今何在，夢裡恩愛亦纏綿。
回首往事今猶在，不見夫妻共笑顏。
獨坐窗前憶前妻，芳魂一縷隨風去。
倩影常回魂夢裡，千呼萬喚無消息。
恩愛只在昨日記，那堪夫妻真分離？

從此相隔陰陽界，來生與你做夫妻。

於是，他就給文娟講了他和愛人的故事。

少良和他的妻子是在大學的校園認識的，他說他的妻子很漂亮，高挑的身材，美麗的眼睛，還有一副動聽的歌喉。

少良說，他的妻子比自己小四歲。他從來沒有想到過，這樣美麗的女孩竟然會主動追求他。因為他感覺他們的差距很大，所以戀愛的時候，他的態度很冷淡，雖然他知道自己的能力和才華可以征服這個女孩。可他總是不相信，他們會真的有一天結婚，因為她太漂亮了，而且還比自己小四歲。

「我也不明白，她為什麼會選擇我。」少良苦澀地笑了。

後來，他們終於衝破了重重阻力，走進了婚禮的殿堂。

婚後的日子是幸福的，他們很快就有了可愛的女兒。少良告訴文娟，他的女兒和妻子一樣漂亮。聽得出來，他是那樣地驕傲和自豪。他是那樣地愛自己的妻子和女兒啊！

由於少良的工作很出色，他很快在一家很有名氣的家具公司裡當經理。

妻子也在同一個城市裡的醫院做護士，那一段的日子，是少良最快樂的時光。

「我真的不相信，命運為什麼一下子給了我這樣多的幸福？」少良說話的語氣很憂傷。

文娟彷彿看見他的眼裡，含著淚水。

那樣一個很快樂的除夕夜晚，因為遇到了少良，文娟的心情也有了些許的憂傷。

後來的日子，與少良成了網絡上的好朋友。他寂寞的日子，就來找文娟聊天；文娟難過的時候，他也安慰她。

由於工作的需要，有一天，他來到了石家莊。

於是，他們見了面，這也是文娟第一次，也是最後一次和網友見面。

在富麗堂皇的酒店裡，文娟看到了真實的少良。他的外表很瀟灑，大大的眼睛，身材稍微有點胖，穿著一身很得體的衣服，他含笑地站在文娟的眼前。他有著不平凡的氣質和風度，那樣地高雅。

文娟簡直不敢相信自己的眼睛，原來每天和她聊天的男人，竟是這樣出色，怪不得當初，他美麗的妻子要以身相許！

少良是個很有內涵的男人，他的言談舉止，他的一顰一笑，都帶著很好的文化修養和很高的審美觀點。他很細心地幫文娟倒茶，很殷勤地給文娟夾菜。

和他在一起，文娟吃了一頓不尋常的飯，她也從來沒有享受過這樣有禮貌的待遇。

文娟真的很幸福，好像是在夢中。那一天，他給文娟講了許多他和妻子的故事。文娟也第一次感覺到他也有快樂的一面。

從那以後，少良和文娟的感情越來越深了。不知道從哪天起，他就成了文娟的男朋友。文娟越來越感覺到了他的細心和溫柔。

他可以在你睡不著的時候，在手機裡給你留言。

他可以在你難過的時候給你講一個又一個的笑話。

他去外地出差回來，會給你買來各種各樣你喜歡的禮物。

也不知道他為什麼竟然懂文娟的心，文娟心裡想什麼他都知道。

他告訴文娟，他的妻子生病的時候，他在床前照料了半年，為了給妻子治病，他用去了所有的積蓄。

他說為了以後能和她過上幸福的生活，他在努力。

聽了他的話，文娟真的好感動啊！

在這樣的世界裡，像他這樣愛死去的愛人的畢竟不是很多，文娟很自豪，因為她有了一個很認真的男朋友。

文娟決定和他一起奮鬥，一起建立屬於他們愛的小家。

他們的婚期就要到來的時候，他們之間的感情竟然出了裂縫。他們一起去買東西的時候，所有的物品，都是少良挑選的，就連文娟結婚穿的衣服也一樣。

開始文娟並沒有感覺到什麼，可是他女兒的話，讓文娟的心碎了。

「阿姨，你買的東西，怎麼和我媽媽的一樣呢？」小女孩天真地望著文娟。

文娟看了少良一眼，他的臉紅了。

文娟才明白，原來她一直是他愛人的影子，他根本就沒有愛過文娟。

少良在文娟的追問下，終於說出了他的心裡話。

「對不起，你的樣子和她太像了，看見了你，我就想起了她。任何女人在我的心裡都不如她，我也沒有辦法。」

文娟的眼淚就那樣流啊流。

原來文娟全心全意愛的人竟然把她當作別人的影子，原來文娟的愛是一場欺騙。

「對不起，我不能做別人的影子，我也不希望自己的丈夫，心裡永遠裝著一個已經死去的女人，在這場愛情保衛戰中，她勝利了。我竟然輸給了一個不在人世的女人，我認輸了，而且心服口服。」

那一天，文娟離開了少良。

文娟有選擇愛的權利，有擁有完整愛的自由，但她不能永遠做別人的影子。

後來少良一直找文娟，為了盡快地忘記那個傷心的故事，文娟告別了網路世界。

「少良！你可知道，任何一個女人都不願意做別人的影子，我離開你，就是因為愛你。」

文娟願意一輩子孤獨，也不願意嫁給他。

人生感悟

愛可以是一瞬間的事情，也可以是一輩子的事情。每個人都可以在不同的時間愛上不同的人。不是誰離開了誰就無法生活，遺忘讓我們堅強。

因為愛他，所以離開他。很感人的一句話。有些感情如此直接和殘酷，容不下任何迂迴曲折的溫暖。帶著溫暖的心情離開，要比蒼白的真相要好，純粹的東西死得太快了。

我不會為你去摘懸崖上的花

真愛或愛情不僅意味著浪漫與甜蜜，也意味著付出，意味著犧牲，意味著責任與義務，意味著跌跌撞撞，意味著二人世界磨合的互動與碰撞，意味著同甘苦共患難，意味著容忍尊重與不離不棄，意味著一生廝守牽手白頭。

琪琪的丈夫是理工科的，當初琪琪喜歡他，是因為他的穩重，依靠在他的肩上有暖暖的踏實的感覺。三年的戀愛，兩年的婚姻，如今她卻已累了。當初的喜歡，是現在厭倦的根源。琪琪是個感性的小女人，敏感細膩，渴望浪漫，而他卻天性不善於製造浪漫，木訥到讓她感受不到愛的氣息。

某一天，琪琪終於鼓起勇氣說：「我們分開吧。」他問：「為什麼？」她說：「累了，就不需要理由了。」整整一個晚上，他只抽煙不說話。她的心越來越涼，連挽留都不會表達的男人，能給她什麼樣的快樂？

終於，他問：「怎樣做你才可以改變？」人說秉性難改，她想她已經不對他抱什麼希望了。但他堅持要她說出要求。望著他的眼睛，她慢慢地說：「回答一個問題，如果你能回答到我滿意就可以。比如，我非常喜歡懸崖上的一朵花，而你去摘的結果是百分之百的死亡，你會不會摘給我？」他說：「明天早晨告訴你答案好嗎？」她的心灰了下去。

早晨醒來，他已經不在，只有一張寫滿字的紙壓在溫熱的牛奶杯下。看過第一行，就讓她的心涼透了。

「親愛的，我不會去摘。但請容許我陳述不去摘的理由：你只會用電腦打字，卻總把程序弄得一塌糊塗，然後對著鍵盤哭，我要留著手指給你整理程序；你出門總是忘記帶鑰匙，我要留著雙腳跑回來給你開門；酷愛旅遊的你在自己的城市都常常迷路，我要留著眼睛給你帶路；每月『老朋友』光臨時你總是全身冰涼，還肚子疼，我要留著掌心溫暖你的小腹；你不愛出門，我擔心你會患上自閉症，留著嘴巴驅趕你的寂寞；你總是盯著電腦，眼睛給糟蹋得不太好了，我要好好活著，等你老了，給你修剪指甲，幫你拔掉讓你懊惱的白髮，拉著你的手，在海邊享受美好的陽光和柔軟的沙灘，告訴你一朵花的顏色，像你青春的臉……，所以，我不能確定有人比我更愛你以前，我不想去摘那朵花……。」

她的淚滴在紙上，開成晶瑩的花朵，抹淨淚，繼續往下看：「親愛的，如果你已經看完了，答案還讓你滿意，請你開門吧！我正站在門外，手提著你喜歡吃的鮮奶麵包。」拉開門，她看見他的臉，緊張得像個孩子，只會把捏著麵包的手在她眼前晃晃……。

是的，是的，她確定，沒人比他更愛她，所以她不想要那朵花。這就是愛情或者生活，被幸福平靜包圍時，一些平凡的愛意，總被渴望激情浪漫的心靈忽略。

愛從來就沒有固定的模式，花朵、浪漫，不過是浮在生活表面的淺淺點綴，它們的下面才是我們的生活。

人生感悟

當遭遇婚姻瓶頸，一些人對婚姻的心態開始寥落了，一些人誓死捍衛曾有的幸福，一些人苦心重建信任和愛。我們的婚姻怎麼了？是白璧微瑕還是雞肋一根？故事中，如果說真有什麼天使的話，那就是女主角逐漸成熟的婚姻心態。

丈夫留下的備忘錄

你桌子上的書還是那麼整整齊齊地擺著，你衣櫃裡的衣服還是那麼整整齊齊地掛著，你總是把過季的鞋擦得乾乾淨淨放在鞋盒裡，你的一疊鞋盒還是那樣整整齊齊地在壁櫃裡放著。你喜歡把一雙雙洗乾淨的襪子綰在一起，然後裝進一個塑料袋，薄的厚的分開裝，現在，那一袋一袋乾淨襪子也還在床頭櫃裡靜靜地擱著。可這些東西，怎麼突然都沒有主人了呢？日後，誰還能來光顧它們呢？它們將永遠地放在那裡，寂寞地等待它們的主人，然而，它們的主人卻永遠地不再歸來……。

我撫摸著你的一件件衣服，我感覺你依然英氣的目光從高處俯瞰下來，你溫熱的呼吸在你挺拔的鼻翼裡翕張。可當我拭去淚水定睛看你時，你怎麼又不見了呢？我環顧空空蕩蕩的屋子，四處尋你。你站出來呀，親愛的！

四壁迴響著你的聲音，我卻看不到你的身影。

我終於明白，你再也不會站在我面前了！

你再也不會在這座屋子裡走來走去，我再也聽不到你走路的踢踏聲了，你走路原本是有輕微的踢踏聲的。

我們的屋子還是那樣乾乾淨淨，地板還是那樣亮亮堂堂，書架衣櫃還是那樣一塵不染。你走後我曾不想再收拾什麼，我收拾得再乾淨，沒有你分享又有何意義？可我又想，邋裡邋遢又怎麼對得起你！

我總是感覺你什麼時候會回來，回來時我要用乾乾淨淨的屋子、乾乾淨淨的被子（被子上還有水的清香、有太陽的氣味）迎接你。你生前我是這樣待你，你也是這樣待我的。

我總是做夢般在屋子裡找你，一間一間地找，我總覺得找到了又覺得永遠找不到，我總覺得聽見了又什麼也沒聽見。你總是這樣痴痴地來看我，卻又模模糊糊地飛逝而去。

我不會離開我們共同用愛和生命創建的家。在這屋子裡，我隨時都可以找到你的存在，和你說話，和你交流。無論天堂離人間多麼遙遠，只要回到這座屋子，我就回到了我們兩個人的世界……，當我最終離開這個世界的時候，我還去找你，我們還做夫妻，我們還會攜手再造新的幸福家園。

我曾無數次感慨，你對家的愛與責任是我一生的福氣，你對生活精緻的耐心是我活著的指望。

在你術後治療的日子裡，你肯定是預感陪伴我的時間不會太久，你開始為我日後生活的便利做準備：你把一個軟皮橫格本切割成兩半（你把它切割成兩半肯定是為了讓我攜帶方便），你用其中一半做了「通訊備忘錄」，你在備忘錄裡密密麻麻記滿了各類服務機構和家電、家裝維修電話：手機話費查詢、電視、開鎖公司、機場服務、飛機訂票、火車訂票、醫院的總機，及煤氣、空調、防盜門、抽油煙機、印表機的維修地址和聯繫電話，還有近幾年我們新購家具的賣場地址和聯繫電話，與衛生所、派出所、居委會、超市電話，還有消防、警察、醫療急救……，數了數共六十五個！你把幾年前，甚或十幾年前一直堆放在抽屜裡的各種說明書、保固卡、維修卡全部找了出來，一一進行登記，滿滿十頁！你整理登記了好幾天！

你做這些事時，我躲在另一間房子裡流淚。你在化療，你的身體虛弱，我不知你為什麼要做這件很繁雜的事情，你只是對我說：「以後我身體不好了，你遇到了難處，就找這個本子幫忙，都在上面了……。」

你走後，我和孩子們翻看你這個十五公分×二十公分大的、毛了邊的備忘錄，無不流下傷心的眼淚。兒子感慨地說，換了我們，做不到爸爸這樣。

親愛的，前些時候瓦斯爐無法點著，我按照你備忘錄上登記的電話聯繫上維修；櫥櫃的拉籃拉不動了，我也是按你備忘錄上登記的電話聯繫上維修；兩天前，我的印表機壞了，我仍是按你備忘錄上提供的電話聯繫上維修的。抱著印表機走在路上時我卻淚流滿面，因著永世的傷心和感激啊！因著永世不再有的珍愛和細心啊！

現在，我天天隨身帶著你的這個本子，帶著你的陪伴，也帶著永無指望的思念……。

人生感悟

有相逢就有別離，可是每個人都害怕別離。大家都知道，最後一次的別離就是死亡。我們口裡說「天下沒有不散的筵席」，心裡卻捨不得喝掉手中的酒，還想再唱一首歌。你可不可以不走？諾言是用來跟一切的變幻抗衡的。

那麼醜的人，那麼美的愛

「現在還會有人喜歡寫情書嗎？」一個接受我採訪並給我講關於情書故事的男人坐得端端正正，一邊擦汗一邊這樣問我。

我告訴他，我不知道別人，反正我不寫。

他就笑了，特別理解但是特別遺憾地笑：「是啊，現在有手機簡訊，有網際網路，電話可以打到全世界，誰還會用筆寫信？就是想寫，也用電腦啊！但是我告訴你吧，只要你愛得夠深，你就想寫，他感覺得到這個，沒有不願意讀的。不信，你試試。」

我堅決地說我不想做這種嘗試，我們都太忙了，我們知道那感情好好的在呢，兩個人都知道，不用總是伸手去觸摸就知道，還怎麼需要寫的？

他想了一下，不再遊說我，他默默地擺弄著手機，淡淡地說：「你們都是幸運的人，得到想要的感情，就不用這樣了。我不同，所以我要寫信。」

他來找我，是因為他實在憋不住了，他靜悄悄愛了十六年的女孩子，現在要做母親了。他想，也許她有一天會看見我寫的故事，也許她能從字裡行間聯想到身邊這個不起眼的人，猜想那個一直給女孩子寫信的人就是他。他希望她能這樣猜想，僅僅有猜想，就夠了。

「喜歡一個人，為什麼不告訴她呢？為什麼一定要糾纏於一個結果，告訴她吧！不管結果是什麼。」我這樣「熱烈」地勸他。

他搖頭。他的理由有三條：第一，她太漂亮了，他覺得自己很醜，比她個子還要矮小，才三十三歲，就已經是個「小老頭」了；第二，她太嬌貴了，那麼好的家世，而他出身貧寒，現在仍然貧寒；第三，她有好的學歷背景，好的前程，她應該能得到更出色的愛人，這個，他不能給她，但是他喜歡她，從他們還是高中生的時候就開始喜歡，喜歡了這麼多年，不說這感情有多麼深厚，只是從時間上看，也夠綿長了。他習慣了喜歡她，不喜歡，就不習慣。

當愛一個人成為一種習慣、一種享樂的時候，放棄，是多麼困難！

十六年裡，他是她最好的夥伴，也是從來沒有提出過任何要求的好朋友。她需要人陪伴，卻暫時沒有這樣的一個人，他就去頂替，充當一個補缺的人，陪她說話，陪她看電影；

她需要友人為她做各種體力活，卻暫時沒有這樣的一個人，他就去頂替，充當那個出大力，流大汗，勞動之後只帶一聲「謝謝」回家吃飯的人；她需要有人能分擔她對男朋友的思念，暫時沒有這樣的一個人，他就會被選中，充當那個聽著她嘮叨各種雞毛蒜皮的小細節，替她在愛與不愛的猜測中分析來分析去的人，直到她平靜了，微笑了，踏實了，他才獨自走上一如既往的那條暗戀的路。

他為她奔波，為她憂慮，為她憤憤不平，為她兩肋插刀……，忽然有一天，她告訴他，他們和好了，他們要結婚了，於是，他再次默默地離開……。

他是她在困境中第一個想起來要依靠的人，也是她在順境中第一個忘記的人。他不怪她，他覺得這是她給他的榮耀和信賴，她那麼好，能有一個短暫的時間願意依靠他，他很滿足。

他在被需要的時候挺身而出，在被放棄的時候回家悄悄地寫下一封情書，不敢郵寄，就那麼封好了，貼上郵票，疊放在一起，慢慢地積滿了幾個抽屜。

「這是一個秘密。」他這樣說的時候顯得很開心。

「什麼時候才能讓她瞭解這個秘密？你希望她是什麼反應？」我問得很唐突。

「永不。」他說如果有一天她問他，裡面寫的那個人是不是她，他會認真地告訴她：

「對不起，你猜錯了，我並沒有愛過你。」

「愛一個人並不是羞恥的事，為什麼不肯承認？」

他看著自己的腳尖：「我這樣的人，愛她，不會讓她感到光榮，只會覺得我可笑。我這麼窮，這麼難看。」

我們這樣說著話，就想起了多年前看過書，後來又看過電影的《大鼻子情聖》，忍不住就給他講。

希哈諾是一個極有風度的騎士，也是極有才華的詩人。他的勇敢、仗義和才華無人能及。他暗戀美麗的表妹，卻因為大鼻子而苦惱著不敢表達。

此時，希哈諾的表妹正與草包小帥哥克里斯地安一見鍾情。表妹讓希哈諾照顧一起從軍的情人，他忍痛應承，並且答應小帥哥幫助他寫情書。

從此，不明就裡的表妹因為這些情書而熱烈地愛著實際上說不成一整句話的小帥哥。風雨大作的夜晚，小帥哥在表妹的閨房外說著綿綿情話，讓表妹激動不已，卻不知道其實這個出口成章的戀人原本是躲在黑暗裡的大鼻子表哥。

戰爭來了，小帥哥戰死，表妹悲痛欲絕，遁入修道院為才華橫溢的愛人守節。希哈諾照樣陪伴著表妹，為她說笑話，扮小丑，直到被人加害快要命赴黃泉的時候，表妹才從他講出臨終遺言的語氣分辨出那個夜晚的聲音。表妹悲喜交集，她發現一直愛她也一直被她深愛的那個男人原來是這個大鼻子。

希哈諾在表妹的擁抱中說了最後的話：「可是，親愛的愛人，我不愛你。」

這部電影曾經讓眾多的年輕人特別感動，原來以為暗戀是一件多麼讓人絕望的事情，因為這部電影，改變了我的觀念，暗戀原來可以這麼美麗，這麼尊嚴，這麼驕傲地孤獨！

那天採訪結束，他讓我看了幾封他隨手揀出來的信。我很驚訝，真的，他的字寫得那麼漂亮，他的語言因為感情真摯而那麼流暢。十六年沉默的愛，讓他變成了愛情的浪漫騎士。

我說那個她呀，真是笨女孩，這樣一個人怎麼會這麼多年沒有發現？

他說：「我這麼醜的人……。」

我說：「可是你有這麼美的愛……。」

人生感悟

真正的愛是在愛人的心裡的，只有在心裡刻上了愛人的名字，才會在一生之中用一切來賦予對方自己的愛，來表現自己的愛，來繼續自己的愛。

世界上沒有完美的愛，沒有完美的愛人，沒有不紅臉的夫妻，卻有很多幸福的愛情、幸福的婚姻，也還有很多會經營自己的愛的人。

離婚前，再感動一次

現在離婚越來越容易了，可正因為如此，懂得堅守婚姻才是一件需要理性、忍讓和智慧的事情。

那一段日子我正處於婚姻的谷底，丈夫志勇成天早出晚歸，也沒見他的事業有什麼起色；而我們的感情像沖了三遍以上的茶般淡而無味，出差回來不再有禮物、擁抱、欣喜，而是老夫老妻似的平靜……。

當我把這些婚姻的苦惱講出來時，姐妹們一個個以過來者的身分幫我分析我一潭死水的婚姻，最後得出一個結論：像這樣的婚姻早該解體了。

和朋友痛快地發洩了一番後，我走在回家的路上步履堅定。回到家裡，看著這個一成不變的家，略顯得簡單寒酸的家，突然感到一種難言的厭惡感。接回的孩子將牛奶灑了一地，我手忙腳亂地拖著地板，看到家裡被扔得亂七八糟，正忙著做晚餐時，電話響了，志勇又要晚點回來。

絕望中的我一不小心抓住了那隻裸露的鍋柄，頓時手被燙出一個大泡。那個鍋柄木頭的手把早就掉了，只剩下黑乎乎的鐵柄，一不小心就燙手，我跟志勇說了不下五十遍，可他從來沒有空去把它修理一下。

自從動了離婚的念頭後，家裡遭遇的每一件事情都加劇著我離婚的決心。

我憤然關了火，走出廚房，看著鏡子裡那雙曾經春光明媚，現在卻充滿怨意而暗淡的眼睛，感嘆道：婚姻真的是太可怕了，我一定要拋棄這種半死不活的生活，要離開這種一潭死水的地方。

兩個小時後，志勇回來了，看到桌上沒有照例擺上晚餐，我一個人坐在黑暗中目光決絕。「怎麼沒有做飯呢？」他一邊說著，一邊走進廚房。

「為什麼要做飯？我做夠了，再也不想做下去了。這種日子我也過夠了，我們離婚吧。」

丈夫這時正在廚房裡用力地洗刷一隻不應該黏底的鍋子。他的第一個反應是「你說什麼我沒聽見」，第二個反應是「我聽錯了嗎？你再說一遍。」最後他終於弄明白了我的意願時，兒子哭了，他只好先把我的感情問題擺到一邊，撲進房間裡抱著兒子餵牛奶。

「不是過得好好的嗎？為什麼要離婚？」志勇手裡摟著孩子走出來，一臉意外。

我看著他冷笑，心裡油然升出一種報復的快感，他一直粗心地忽略了我的感覺，可現在痛苦該輪到他了！

「你當然覺得過得好好的，可是我覺得不好，而且，再也不想過下去了。」

當天晚上，我執意與他分床而睡，根據朋友們的經驗，離婚是一件異常複雜的事，它糾纏著情感、財產還有習慣等許多因素，因此一定要有毅力。

為了順利離婚，我早已想好離婚的三部曲，第一、決不再買菜做飯，從生活中把兩個人分離開來；第二、決不再陪他散步睡覺，不給他和好的機會；第三、經濟上分開。

躺在沙發床上，一個人睡卻怎麼也睡不著，我打開檯燈，找出一張白紙開始寫離婚協議書。落筆的瞬間，我盤點了一下家裡的財產，往日的情景也依稀浮現：我是北方人，他來自江南，我們漂到天津這個城市，白手起家，現在人過三十，也掙下了兩套房子，一大一小，大的是三居室，去年年初才搬進來的，小的是我們剛來的時候湊錢買下的，都在我的名下，小的現在已租給了別人，月收入六百元；另外丈夫還有兩個店面，約值三十萬元。

我在離婚協議上寫得很清楚：房子、孩子歸我，店面給他，這樣公平合理。

第二天，交給他這份離婚協議時，還在餐桌上留著一張字條：我要自由！

「簽字啊。離婚，你懂不懂？」看到他一臉發呆的樣子，我有點煩躁了，卻又隨即意識到了自己的過分，換用循循善誘的口吻道：「我們做夫妻時間雖然並不長，但我們在一起也有五、六年了吧？相處這麼久，難道你還看不出來我們實際上是兩個世界的人嗎？分開，對你對我都有好處。」

一個星期後，志勇的電話打到了我的辦公室裡，「我同意簽字了，下午出來吃飯吧。我們老地方見，我把協議書交給你。」志勇的聲音低沉傷感，他掛了後，我還握著話筒頹坐在椅子裡發呆。

他肯離婚了。積在我胸口的鬱氣在剎那間抽離，空曠的感覺像是武俠傳說中的氣，一絲內息源遠流長，緩緩地周遊全身。我坐在椅子裡，感受著自己身體的升升降降，腦袋裡不由自主地閃現出往日的一幕一幕，腦子裡只有一個念頭：沒有這個男人，就沒有今天的自己。

我喜歡海邊的風景，他放棄了自己正在上升的事業陪我來到天津重新開始；我夢想海邊的房子，他無論如何也貸款給我買了這套拉開窗簾就看到無垠海景的房子。

下班後，我振作精神去了那家常去的海邊西餐廳。幾天不見，他似乎瘦了許多，但身體挺拔，眼神憂鬱沉靜，刮淨了鬍子的下巴顯得性感。

丈夫沉默地把一個牛皮紙信封推到我的面前。還沒坐下，我的眼眶先紅了。我真的永遠地離開這個男人嗎？我忽然慌張起來，難道就這樣失去他了嗎？

「既然來了，就不急，先點些什麼吃吧。」也許是因為這是最後的晚餐，他看著我微笑，他的眼神清澈而溫柔，然後伸出纖長的手指，招呼服務員：「來一份黑椒牛柳飯，一份蛤蜊湯。」這兩樣都是我的最愛。

我默然坐著，直到他突然對我說：「最後的晚餐，你為我點一份我愛吃的東西好嗎？」

「你愛吃的？」我一下子被問住了，大腦突然一片空白。搜索了半天後，我有點口吃地說：「你愛吃的？你不是一向和我吃一樣的嗎？」

他忍耐地笑了笑，然後一字一句地說：「其實，我們生活在一起這麼多年，我一直吃的是自己不喜歡吃的東西。你忘了，我是揚州人，我其實很喜歡江南的菜餚，有點甜的那種。」

我聽著他的話，彷彿驚濤駭浪，一陣強烈的自責把我擒住了。是的，這麼多年來，我居然從來沒有想過問一問他喜歡吃什麼，而且生平第一次知道原來他喜歡吃甜的時候，我們居然就要離婚了，這不免有些諷刺。

「說點什麼，好嗎？」他溫柔地問。

我的淚水開始在眼眶裡打轉。

「我想好了，房子、店面、家裡的東西全都給你！」他沉默了許久，突然又說，「我只帶走自己的書和幾套衣服。」

「你要到哪裡去？」聽到這令人心酸的告別，我忍不住失聲叫道。二千多天的日日夜夜，月下的溫情，對視的雙眸，有默契，有彼此的習慣，總是愛過的吧？到底這麼多年了。我從來沒有好好想像過沒有這個男人的日子。

「其實，來天津這些年裡，父母，還有我的朋友們多次召喚我回到南方去，說那裡有更大的發展空間。但是，你喜歡海，喜歡浪漫，所以我一直陪著你，在這裡呼吸有腥氣的海風，吃我不太喜歡的海鮮。事業上沒有取得什麼成績，讓你受委屈了。」

「你在說什麼呀？我不是指這些。」我的淚水一下子流了下來。

「離婚後，我就要去南方發展了，以後一個人過，還要帶著孩子，你會很辛苦的。」他緊皺眉頭，抽出一支煙，頓了頓，「所以我把東西都留給你。店面每年還可以租一些錢，要存起來，不要亂花，以備不時之需。孩子上學，也需要很多的錢，到時候我再想辦法。」他說著，眼光看著窗外，有一絲留戀和揮之不去的牽掛與痛苦，那種口氣不像是一個準備離婚的男人，而像是一個即將遠行的家長對妻兒的那種不捨與牽掛。

窗外是蔚藍的天空，明淨的大海，白色的水鳥，一切都天堂般美麗和寧靜。而這一切突然變得黯然失色，因為一個答應永遠陪在我身邊的人就要離去了。

「那你怎麼辦？」我問道。「我總有自己的辦法，男人在這個世界上總有生存的辦法，不像女人，你那麼輕信、善良，又容易受傷。」看著他望著我憐惜的眼神，我的淚水止不住地往下掉。

「別哭了，親愛的。」他的大手按在我的肩頭，一種淡淡的煙草味，如此熟悉，我多麼喜歡他身上的這種力量感，這種煙草味。可為什麼，兩個人在一起的時候卻絲毫感覺不到，反而只有厭煩呢？

「我也該走了。你知道嗎？每次你和父母姐妹團聚時我的心裡都空落落的。我也很想念我的父母，他們畢竟都老了啊！」

聽到這裡，我的內心充溢的不是感動，是自責，更多的是一種全新的愛戀與不捨。這是一個多麼好的男人啊！我見識過多少離婚時夫妻反目成仇，是為財產而大打出手，相互辱罵與詛咒的。可我從沒見識過這樣的離婚，這樣柔情、深沉、寬容的分手儀式……充滿祝福、傷感和牽掛的別離。而直到最後一瞬間，才知道他在婚姻中也一直忍受的種種不愉快和不適應，卻都是因為我啊！

「這些，你為什麼不早說呢？」我含著淚緊緊抓住他的大手，顧不得自尊與驕傲了。「因為，我愛你，我願意忍受這一切，我希望你過得快樂，不要為這些瑣事來煩心。」

我又一次呆住了。

遲疑了片刻，我說：「你，可以不走嗎？」

最後，手牽著手走了出來，外面的海風很涼很涼，我坐在他的摩托車後面駛往回家的路。長髮飄飛，看著沿路上燈火輝煌的街景，想到自己那個依山傍海、他一手打造出來溫暖的家，我突然有了一種很幸福很幸福的感覺。

一個星期後，在姐妹們一次聚會中，她們問我：「離了沒有？」我把我們最後一次晚餐的故事講了一遍，然後說：「這件事讓我上了一堂關於離婚的課，現在離婚越來越容易了，可正因為如此，懂得堅守婚姻才是一件多麼需要理性、忍讓和智慧的事情。」

人生感悟

沒有十全十美的事物，當然也不會有完美的婚姻。畢竟，走到一起不容易。曾經刻骨銘心的愛，怎能說散就散？感情未必可以一刀兩斷。

離婚應該是婚姻之路上最後的選擇，是萬不得已時的下策。不要輕言離婚。想好了，再行動。

放棄你，不是不愛你

那個細雨瀝瀝的日子，她和男友吵了架，怒氣沖沖地從男友處出來。本來心情就壞，經過一個斜坡時，腳下的自行車一滑，不僅車滑出老遠，措手不及中，她的手臂和膝蓋全破了，有殷殷的血滲出來，融進地上的積水，血水蜿蜒地向前爬行，像一條觸目驚心的蛇。

他路過時，她早已坐在原地痛哭起來。不知哭了多久，她感覺不再有雨淋在身上，抬頭看時，一位撐著傘的男子正在凝視著她。他的傘全撐在她身體上方，斗大的雨點紛紛跳到他臉上，又順著臉頰碎成無數片流淌下來。

再見他，她已經跟男友和好如初。下班的時候，她從公司出來，一眼便撞到面前站得筆直的他。看到她，他眼睛也亮了一亮，大步走過來，手裡舉一個卡通吊飾，說：「我清理車子時發現的。」那個小小的卡通吊飾，是她在一個小攤上買的，價格便宜，隨意地掛在包上，隨意到將它丟了也全然不知。她愣在那裡，一個毫不重要的卡通吊飾，他竟會如此認真給她送來。

沒有多久，她又跟男友吵架了。她和男友總是吵架，就像言情小說裡經常出現的歡喜冤家。男友素來沒有勸她的習慣，頭也不回地丟下她走了。她的心情很糟糕，突然想起了他。她找出第一次見面時他留下的電話，毫不掩飾地告訴他，希望他能來陪陪她。

他很快趕來了。坐在車上，她指使他一直朝前開，這個城市的夜色在窗外不停掠過，她用激動的聲音聲情並茂地控訴男友。他面帶微笑，並不說話，見她越來越激動，便打開了音樂，是那種緩慢輕柔的音樂，音量不大不小，像泉水一樣，叮咚叮咚跳躍著進入她的耳朵。控訴累了，她靜下來，想起剛才的表現，不免覺得好笑：「是不是很討厭聽我說這些毫無趣味的廢話？」他答：「其實我很喜歡聽你說話，哪怕是廢話。」

就這樣，她反反覆覆跟男友吵架，和好的時候，她眼裡只有男友，跟男友吵架了，她才會想起他。有一次，打電話讓他過來，夜已經很深。跟平常一樣，他很快趕來，只是她激動的控訴裡，他頻繁咳嗽著。她控訴得越來越激動，他咳嗽得也越來越劇烈。看得出來，他努力想控制自己，好幾次甚至用力捂嘴，只是達不到捂嘴的效果，反而將咳嗽壓抑得更劇烈更長久，彷彿心肝脾肺隨時有咳出來的危險。她終於激動不起來了，忍不住問他：「你沒事吧？」他趕緊答：「沒事沒事，我真的沒事。」他臉上滿是歉疚，似乎他不應該這樣，唯恐她因此控訴得不夠痛快。那一刻，她心裡不知有多難受。他病得這樣厲害，卻以最快速度趕來聽一些毫不相干的廢話。她突然覺得自己又自私又冷酷，一直以來，他都在無怨無悔地付出，隨叫隨到，他笑呵呵地按她的要求去做，他為什麼對她這樣好？她不是傻瓜，答案其實早就知道。只不過，她那分分合合的感情生活，也實在需要一個毫無怨言的好人，時不時出來調解一下。至於這個好人感受如何，是不是被她欺騙了利用了玩弄了，她從沒有想過！

這天晚上，她好說歹說，他才肯跟她去一家營業的門診治療。在門診吊點滴的時候，她陪著他，第一次輕言細語地和他說話，輕得就像那天他放給她聽的音樂。從門診出來，他一把抓住她的手說：「謝謝你。」謝謝你，三個平常的字，他用嘶啞的嗓子說得很深情。她不好意思掙脫他，卻還是心一狠，果斷地將手從他溫暖的手裡抽出來。

第二天，她換了手機號碼，她將他的電話從手機裡刪掉，她交待所有同事，以後他打來找她的電話，一律說她不在。當然，她再沒有聯繫過他，哪怕她跟男友吵得再厲害，哪怕他瘋了一樣打她辦公室電話，哪怕他長期趕在上下班前筆直地站在公司門口等她……，她仍然繼續著狠心，堅持不再見他，不再接他的電話，上下班像捉迷藏一樣從後門進出……。她向來不是果斷決絕的人，但她知道，在他面前，她只能果斷一點，再果斷一點。她要用最鋒利的利器傷害他，讓他以最快的速度忘記她。她還知道，她不是一心二用的女人，她的愛全給了男友，她不可能，也不願意再擠出一點多餘來敷衍他，敷衍明顯對他是一種不公。

有時候，其實離開也是一種愛。她不能給他期望的那種愛，就只能選擇離開。他要的愛，以後自然有善良的女孩肯給他。

人生感悟

愛一個人不是要成為所愛的人的牽絆，只要心中有愛，生活總是那麼美好。相遇是一種緣，相識、相戀更是一種緣，緣起而聚，緣盡而散，放手才是真愛！

放手是為了你能飛得更高

那年，陳峰以全縣第一名的成績考上了一所重點大學，成了家人和村裡人的驕傲，但貧困的家境讓陳峰的大學生活變得異常沉悶和壓抑，一直徘徊在念書、上課、考試、賺錢四點一線上。很多同學都說陳峰是守財奴，只要有兼職的機會都過來找他，半開玩笑地說：「嘿，聽說你只要能賺錢什麼都肯做？」陳峰只好半開玩笑地回答：「是啊，我都肯。」這樣拚命賺的錢，一半給自己做學費和生活費，一半給家裡，供弟弟、妹妹念書。

弟弟、妹妹給他寫信，總是會說：「哥，我也要去北京念大學！」他們不知道陳峰的苦，陳峰也不願意讓任何人看到他的苦，除了她。

她是陳峰低一屆的學妹，迎新生的時候陳峰接待她，幫忙拿行李，找床位。她一定要請陳峰吃飯，陳峰推脫不過就吃了，吃完後陳峰主動付了帳，又帶著她在學校裡轉了一圈，幫她認路。後來她說，那時候就開始喜歡他了，高高瘦瘦的，話不多，好像有很多心事似的。別人都說她是小美女，可是陳峰沒多看她一眼。是啊，那時候陳峰正在想：付了帳後我這一週的伙食費怎麼辦？

陳峰沒想過找女朋友，更別說像她這樣時髦漂亮的城市女孩了。結果她經常找陳峰，到他所在的班上旁聽，向別人打聽他的事情。讓陳峰特別感動的是，他生日那天，她買了個蛋糕，在學校門口等陳峰。

那天陳峰去做家教，晚上十點才回學校，她等了陳峰四個多小時。從小到大，沒有人對陳峰這麼好過，陳峰接過她手裡的蛋糕，把她的手握在他的手心裡，給她暖著。她說：「我知道你壓力很大，不要怕，我們一起來分擔好不好？」她真是天真啊，那時的陳峰也真是天真啊。被愛情迷住了眼睛的人，什麼事情都能夠做出來，什麼話都能說出來。

他們在學校附近租了間小房子，住在一起。陳峰已經被確定保送研究生了，他給她買了很多書，讓她考研究所。每天他們一起上課，聽講座，去食堂吃飯，晚上陳峰出去工作，她就在家裡等他。她買減價的水果，一個個削了皮，切成一塊塊給陳峰吃，她還第一次學會用蜂窩煤爐做飯……。

陳峰知道她是那麼愛他，他也是全心全意地對她。都說戀愛最花錢，但是陳峰沒有多花什麼錢，每個月還給家裡多寄了三百塊，她說是給他妹妹買新衣服的，他們這一個月可以吃最便宜的菜。

她跟家裡說起了他，她父母都要求見一見。陳峰做了充分的心理準備，還是被他們家嚇了一跳。她家住的是那種特別高檔的樓中樓，裝修非常豪華。她媽媽說因為她是獨生女，希望結婚後也住在一起。她爸爸看著陳峰破舊的牛仔褲和舊襯衫一直都皺著眉。陳峰覺得這個貧富的差距太像電影或者小說裡的故事了，實在讓人無法接受。陳峰無法忘記她爸爸跟他說的一句話：「我家慧慧從小沒吃過一點苦，沒受過一點委屈。小夥子，你能做到嗎？」陳峰沒有回答，他知道他做不到。同時他也知道了她為了跟他在一起，犧牲有多大。不住好房子不住宿舍，跟著陳峰擠小平房，好衣服不穿，長年穿運動服。過去有哪家餐廳新開張，她爸爸一定開車帶全家去吃，現在她跟著陳峰吃水煮白菜。她把生活費省下來，幫他繳學費。這一切就是一個貧窮的愛人所能給她的。她說：「愛你就不覺得苦。」但是陳峰心痛，好像整個人都要被撕裂一樣地痛。他的出身他不能選擇，但是她為什麼要選擇陳峰，選擇這樣沉重的擔子？

不出所料，她家裡是不同意他們在一起的。她父母也是煞費苦心，表面上不拆散他們，實際上卻不斷鼓勵她出國留學。她還高高興興地跟陳峰說：「我們一起申請吧！到國外去唸書。」陳峰笑了，說好啊。陳峰沒告訴她，他弟弟高考失利，要重讀一年，他妹妹正上高三。陳峰找了更多的工作，說服她搬回宿舍住，故意一天天地疏遠她，又不讓她覺察。因為她的個性就是那麼明朗活潑的，也有點粗心，根本不知道陳峰其實已經有了分手的念頭。

他們在一起的時間大部分都是在學英語，她說：「我覺得你好像對我沒那麼好了。」陳峰說沒有，讓你好好學習才是對你好，你不是要出國留學嗎？一直等到她考完托福，陳峰幫她發簡歷，發資料，寫申請，忙得比她自己還上心。她開始越來越猶豫，問陳峰怎麼辦。陳峰說這容易，他當過槍手替考都考得不錯，不用害怕。在說這些話的時候，陳峰不敢看她，因為他的眼睛可能會洩露真相。

她的入學通知書如期而至，陳峰終於鬆了一口氣，打電話告訴她媽媽：「阿姨，慧慧可以留學去了，你們放心吧！」她媽媽很遲疑地問你不跟過去嗎？陳峰說：「我不會去的，我有家人需要照顧，我真心希望慧慧一生幸福，可惜我做不到，所以我也絕不連累她。」她媽媽在電話那邊哭了，說你是個好孩子，能體諒父母的心。陳峰說：「我明白，我不怨你們，真的。」

窮男生不該有愛情，陳峰跟她說：「分手吧！我配不上你，是我不夠好，我不忍心讓你跟我一起吃苦。我上有父母爺爺奶奶需要照顧，下有弟弟妹妹還等著念書，我起碼要多辛苦七、八年，才能讓全家人過上好日子。我愛你，所以我不應該跟你在一起，我們一開始就錯了，對不起，我希望你能忘記我。」

她哭成淚人，打他，咬他，踢他，陳峰就是不還手，但是也不勸她。「長痛不如短痛，到國外去吧！我愛的姑娘，會有更好的人更好的愛情給你補償，我不想讓你在最美好的年華裡，因為我的緣故不能盡情享受人生。我是個窮人，給你的東西，與你應該得到的，相差太遠太遠了。就這麼結束吧，相信我比你更心痛，因為我不得不傷害你，不得不離開你，我最愛的人。」

人生感悟

就像莎士比亞說的：再好的東西都有失去的一天。再愛的人，也有遠走的一天。再美的夢也有甦醒的一天。該放棄的決不挽留，該珍惜的決不放手。分手後不可以做朋友，因為彼此傷害過；也不可以做敵人，因為彼此深愛過。

你的肩上有彩蝶嗎？

在一個美麗的小鎮上，有一對非常相愛的男女，他們常常都會相依在山頂望日出，相偎在海邊送夕陽，每個見過他們的人們都不禁會送出羡慕的目光和幸福的祈禱。

可有一天，男人不幸受了重傷，他躺在醫院的病床上幾天幾夜都沒醒來過。白天女人就守在床前不停呼喚著毫無知覺的愛人，晚上她就跑到鎮上的小教堂裡祈禱上帝，她幾乎快哭乾了自己的眼淚。

一個星期過去了，男人依然如故地昏睡著，而女人早已變得憔悴不堪了，但她仍然在苦苦地支撐著。終於有一天，上帝被這個痴情而執著的女人感動了，於是他決定給這女人一個例外。

上帝問她：「你真的願意用自己的生命來交換嗎？」

女人毫不猶豫地回答：「是的。」

上帝說：「那好吧！我可以讓你的愛人很快就好起來，但是你要答應化作三年的彩蝶，這樣的交換你也願意嗎？」

女人聽了激動而堅定地回答：「我願意！」

天亮了，女人已經變成了一隻美麗的彩蝶，她告別了上帝便匆匆地趕回了醫院。結果那男人真的醒了，而且他還正在跟一位醫生交談著什麼，可惜她聽不到，因為她飛不進那間屋子，她只能隔著玻璃窗遠遠地望著自己心愛的人。

幾天後男人便康復出院了，但是他並不快樂，他向每個路人打聽女人的下落，但沒人知道女人究竟去了哪。男人整天不食不休地尋找著，他是那麼思念她，那麼想見到她，然而早已變成彩蝶的女人只能時時刻刻圍繞在他身邊，她不會呼喊，不會擁抱，只能默默地承受著他的視而不見。

夏天結束了，涼涼的風吹落了樹葉，彩蝶不得不離開這裡了，於是她最後一次飛落到男人的肩膀上。她想用自己輕薄的翅膀撫摸他的臉，用細小的嘴來親吻他的額頭，然而她微弱的身體實在不足以被他發現，一陣悲傷的哭泣聲也只有彩蝶自己聽得見，她只好戀戀不捨地告別了愛人，飛向了遠方。

轉眼間很快便到了第二年的春天，彩蝶迫不及待地飛回來尋找自己的愛人。然而熟悉的身影邊竟站了一個漂亮的女人，那一剎那彩蝶幾乎快從半空中墜落下來，她實在不相信自己眼前的場景，更不相信人們口中的談論。人們講述著聖誕節時男人病得有多嚴重，描述著她有多麼善良可愛，還描述說他們的愛情有多麼理所當然，當然也描述了男人已經快樂如從前……。

彩蝶傷心極了，接下來的幾天，她常常會看到自己的愛人帶著那個女人到山上看日出，在海邊送日落，曾經屬於自己的一切，轉瞬間主角都換成了另一個女人，而她自己除了偶爾能停落在他的肩膀上以外，竟什麼都做不了。

這一年的夏天特別長，彩蝶每天痛苦地低飛著，她已經再沒有勇氣接近自己的愛人。他和那女人之間的喃喃細語，他和她快樂的笑聲都足以令自己窒息死去，於是在夏天還沒結束之前，彩蝶便早早地飛走了。

花開花落，花落又花開，對於一隻彩蝶來說，時間似乎只意味著這些。第三年的夏天，彩蝶已經不常常去看望自己的愛人了。他輕擁著女人的肩，輕吻著女人的臉，根本就沒有時間去留意一隻心碎的彩蝶，更沒有心情去懷念過去。

上帝與彩蝶約定的三年很快要結束了，就在最後的一天，彩蝶的愛人跟那個女人舉行了婚禮。小教堂裡坐滿了人，彩蝶悄悄地飛了進去，輕落到上帝的肩膀上，她聽著下面的愛人對上帝發誓說：「我願意！」她看著愛人把戒指戴到那個女人手上，然後看著他們甜蜜地親吻著，彩蝶流下了傷心的眼淚。

上帝心酸地嘆息著：「你後悔了嗎？」

彩蝶擦乾了淚：「沒有」。

上帝又帶著一絲愉悅地說：「明天你就可以做回你自己了。」

彩蝶搖了搖頭：「就讓我做一輩子的彩蝶吧……。」

人生感悟

有些失去是注定的，有些緣分是永遠不會有結果的，愛一個人不一定要擁有，但擁有一個人就一定要去好好地愛他。

若是有緣時間空間都不是距離，若是無緣終日相見也無法會意。凡事不必太在意，更不須強求，就讓一切隨緣吧！

愛情加法與婚姻減法

上學的時候，教我們數學的老師是一位幽默風趣的老頭，課餘時間，他常和我們討論些別的話題。一次，他問我們什麼是真正的愛情，我們七嘴八舌地回答，有的說愛情就是浪漫，有的說愛情就是隨緣。老師最後說：我認為，愛情其實就是數學中的一道減法題。見我們不解，他進一步做了解釋：

戀愛開始的時候，愛是一道長長的加法。比如深情的目光、溫柔的話語；比如玫瑰花、相思豆、愛情詩等，不管是書上看來的，電視上學來的，還是自己冥思苦想出來的，凡是與愛情有關的情節都有可能加在愛情上。等到有一天，你和愛人走進婚姻的殿堂，開始日出而作日落而息地奔忙時，你才會意識到：以婚姻之重，其實也不能承受一抹浪漫之輕。於是，你自覺不自覺地開始減法運算。減去細枝末節，減去花拳秀腿，減去一些小動作、小花招，最後只剩下最本質的東西：肩負共同的責任，偕老終生……。

愛情是做加法。別人已經有的，大膽拿來；別人沒有的，自己努力創造。愛情是不厭其「繁」，除了生日，還要記住相識的日子，還有情人節，還有中秋節、聖誕節，還有相識一個月的日子，相識兩個月的日子……，愛情的日子有鮮花，有甜言蜜語，為心愛的人設計一切可能產生浪漫氣氛的約會。

他最喜歡帶你看恐怖電影因為你會嚇得往他懷裡鑽，你最喜歡他帶你看恐怖電影因為他摟著你，你會有安全感。晚上兩個人不想早回家，哪怕一起坐在屋頂上看天上的星星和月亮。哪怕是不說話，只是兩眼對望，也覺得甜蜜。

愛情是你心裡只有他，他心裡只有你。他眼中只有你最美，你眼中他最帥。他每天刷牙刷得特別用力，你每天在鏡子前的時間越來越長。他到你家總是提一大包東西，還搶著幹活，陪你爸下棋；你去他家溫柔可愛，還到廚房去炒菜，給他媽媽織毛衣。你哭他傷心，他煩你苦惱，恨不得每天都在一起。於是，你們就結婚了。

一旦步入了婚姻殿堂，開始試著要做減法了。原來那個衣著整潔的他怎麼會這樣隨便、邋遢呢？原來那個說話輕聲細語的她也會高聲叫罵。相識的日子？哦，好像應該要送玫瑰吧？唉，都是夫妻了，送花多浪費啊！讓那些商人去賺小弟弟小妹妹的錢吧！看星星？有什麼好看的，不如在家裡看電視。情人節？那是學生和青少年的事，我們是成年人了，說情話不如多做家務事，說愛我不如把那些衣服洗了。他怎麼老看著那個美女，對我視而不見？以前好像不是這樣的。她怎麼特別喜歡看那些無聊的電視劇對我卻沒有熱情？好像話少了？是嘛，天天在一起，哪有那麼多說的，於是日子就一天一天地平淡下來。

愛情是一種感覺，是抽象的，是可變化的。婚姻是責任，是具體的，是需要穩定的。愛情是青春夢，隨心情，靠感覺，你可以愛可以不愛，可以愛得深可以愛得淺。你可以愛過很多人，但你不可能結很多次婚。

婚姻是愛情的墳墓嗎？不是。如果你還沒有明白愛情和婚姻的道理，你不要輕易走進婚姻裡去。如果你明白了，走進婚姻裡的你就不要輕易走出來。

人生感悟

愛情是一道減法。正如歌中唱到：愛就一個字。激情飛揚，山盟海誓是一種愛；洗盡鉛華、不著一色也是一種愛。在生活中，也許後者才最能讓我們感到寧靜和珍貴。

談情説愛也可以做減法

總有些女人（或男人）會走馬燈般地換男友（或女友）。即使在不換男友（或女友）時，身邊也有許多備用男性（或女性）朋友。人前人後，網上網下，生命有無限多可能，愛情從哪裡開始看上去都很美。一個女生，與她有發展可能性的男生多了，意味著她有更多的選擇。選擇多了，自然會良中選優，優中選更優。然而，事情的結果卻往往出乎意料，百里挑一卻未必選到良駒，門前冷清的偏偏卻中了頭彩。

過去我們總以為優秀女人身邊才會出現無數曖昧不明的男人，實際上，其實只要你願意給自己的生活做加法，願意降低感情的標準，每個女人都能夠培養出無數「有用的男人」——不需要你傾國傾城。

習慣加法愛情的女人生活看上去很熱鬧，可以天天有禮物，時時有激情。然而，她的生活沒有重點，像一個無知又貪婪的女子，身上掛滿首飾，以至於淹沒了臉龐。

與其不斷給自己加碼，將生活弄得像馬戲團，不如選擇和一個人培養有意義的感情。努力經營一件事，成功的可能性總會多於失敗。但倘若他真的不是你那杯茶，將杯子空出來總比裡面永遠被口味怪異、內容不明的液體充滿要明智得多。

鐵凝一生寫了許多品質頗好的小說，職位高居中國作協主席。每次被追問為什麼單身時，她的回答都很簡單：「我想說我還是有希望的，可是我又想告訴你另一句話，我從來都是做好了失望的準備。因為我覺得做好了失望的準備，才可能迎來希望。」二〇〇七年，五十歲的鐵凝，終於等來自己的甜蜜愛情，她說：「這個人就是我要找的，是我一生要跟他相依為命的人。」

倘若永遠失望，寧願永遠空白。有空白才能看到重點，將愛情的杯子騰空才能裝入正確的、屬於你的那杯茶。關鍵是，我們要在那段美好感情到來之前學會享受空白。

愛情的減法不僅要懂得騰空愛情的杯子，更要懂得戀愛過程中減去無謂的浪漫與考驗。

他們是一對很相愛的情侶，卻愛得很辛苦。大大小小的節日、紀念日都要互送禮物，每天幾條甚至十幾條問候短信，對方身體出現一點小毛病，都必須表現得無比擔憂。倘若某一方偶有冷淡，另一方就會覺得天要塌下來了。「你是不是不喜歡我了？」「你剛才那句話是什麼意思？」「我們分手吧，我想你早晚有一天會不喜歡我的……。」這些無知而幼稚的問題常常把他們折磨得要死要活。

他們的感情不斷加深，與之相關的甜言蜜語、關懷照料甚至吃醋吵架都在增加。生活的喜怒哀樂全被愛情填滿了，雖然感覺很累，卻絲毫不敢減掉半分，似乎一旦如此，苦心經營的愛情就會倒塌。示愛已經成了一種儀式與習慣，與愛情本身的關係越來越小。

最終他們心平氣和地談了一次，沒想到雙方竟有同感。於是他們約好嘗試做減法。起初有些不習慣，胡思亂想的時候便用工作或友誼來填滿生活。慢慢地，發現生活中值得快樂的事情變得多了起來。而他們之間也越來越可以平靜理智地交流，像彼此信任的戀人，又像相識多年的老友。

不斷做加法，愛情會多出許多看似重要實則沒有意義的事情，只有在做減法的過程中，才能逐漸抓住兩個人相處的關鍵——信任與理解。

減去過去的甜言蜜語與紀念日，不代表不愛，而是為了考驗你們愛上的究竟是彼此的內心，還是那種陶醉在愛情中的感覺，前者永恆，後者稍縱即消。

以一抹浪漫之輕並不能承受愛情之重，應懂得給愛情做減法，因為簡單，所以深刻，所以快樂。

愛，本來就是簡單的：冬日裡共吃的一頓火鍋，遇到好玩笑話時的一次分享，閒散週末裡的一次懶洋洋的散步……。

人生感悟

簡單的愛情，像品質最好的保養品，它提供養分和美麗，卻不會讓人覺得麻煩。當要求越來越高、失望越來越深的時候，我們不妨做做減法。減少膩在一起的時間，這樣能騰出空間加入更多的相思。

如果減法能夠讓你重新得到與擁有幸福，那麼當你重新經營一份感情時，不妨試著由減法開始……。

過多的愛是慢性毒藥

有這樣一個故事：從前在一片茂密的大森林裡，生長著許多蒼翠挺拔的大樹，它們依偎在一起，共同抵擋狂風暴雨。有一個樹家庭，小樹苗苗是它們家的獨生子，是小皇帝。樹爸爸和樹媽媽把它當作寶貝，寵著它、護著它，讓小樹苗苗感覺好幸福。

夏天豔陽高照，土地熱得冒煙，知了不停叫喚，小樹苗苗卻有著一把「遮陽傘」，樹媽媽用樹葉和枝幹為它撐起了一片綠蔭。整個炎熱的夏天，苗苗都在陰涼中度過，自己可以不費任何精力，舒舒服服地享受。而其他的小樹都在與烈日抗衡，絲毫沒有退縮。

冬天大雪紛飛，其他小樹都在風雪中挺立，為了自己能夠快快長大不斷地與嚴寒做鬥爭。相反，小樹苗苗則穿著一件「大棉襖」，在樹爸爸的遮蓋下相安無事，暖暖地度過整個嚴冬。

春天，春暖花開，萬物復甦。暖洋洋的陽光照耀著萬物，小樹們都舒適地享受著陽光。可小樹苗苗卻在樹爸爸和樹媽媽的遮擋下，無法享受到陽光的溫暖。春雨淅淅，小樹們貪婪地吸吮著雨水，滋潤著自己茁壯成長。小樹苗苗呢？雨水都被樹爸爸和樹媽媽擋住了，無法享受春雨的滋潤。

就這樣，隨著時間的推移，日復一日，年復一年。歷經了烈日雪雨的小樹們都已慢慢長成了大樹，枝葉繁茂，枝幹蒼勁有力。而小樹苗苗沒有經過任何考驗，沒有陽光雨露的滋潤，仍然像以前那樣矮小，枝幹上只長了五、六片樹葉，樹枝軟而無力，沒有一點精神。當苗苗看到其他大樹時，才後悔自己每天都在父母的呵護下成長，沒有能夠像同伴那樣長成大樹。苗苗的爸爸媽媽看著瘦骨嶙峋的兒子，百思不得其解。它們納悶，為什麼如此小心翼翼地愛護自己的孩子，孩子卻沒有能茁壯成長？

其實，父母過多的愛對孩子來說其實是害。

有不少父母認為，孩子要什麼就要給什麼，有什麼需要都應滿足，有求必應，在物質生活和精神生活上不讓孩子受一點委屈，不遭一點磨難，就是對孩子的愛。對孩子百依百順，含在嘴裡怕化了，捧在手裡怕摔了，要星星不給月亮，要月亮不給太陽。久而久之，稍不如意，孩子就大發脾氣，最後發展到在家稱王稱霸，蠻橫粗野，生活上依賴性強，獨立能力差，經受不起一點打擊和挫折。

還有不少父母以愛的名義逼著孩子學琴學畫學跳舞，恨不得自己的心肝寶貝語文、數學、外語門門第一，外加琴棋書畫樣樣精通；或者把自己的夢想強加在孩子的身上，逼著孩子按父母的意願生活。孩子沒時間和同齡人遊戲，他們的生活除了學校，就是補習。結果呢？培養出為數眾多的高分低能的孩子。他們除了能讀書，會考試外，缺乏生活自理能力，不知如何與人交往，應急、應變能力更是不及格。

著名作家高爾基說：「愛孩子，這是連母雞都會的。」但是，怎樣愛孩子，卻不是每個家長都有清醒的認識。

小樹的成長需要陽光雨露和肥料，可是太多的養料也會讓小樹過早地夭折。孩子的成長也是同理，愛給得太多就會揠苗助長。孩子是一個獨立的個體，他們的一生要靠他們自己去過，父母不可能陪他們一輩子。

因此，父母應該懂得在適當的時候做做減法，減少那些不利於孩子成長的愛，給孩子多點空間，給孩子多點尊重，讓他們的自主性得到鍛鍊，讓他們健康地、茁壯地成長。

人生感悟

家長應更加諳熟「減法哲學」，明白要給孩子足夠的自由，讓他們能夠獨立思考。想要給孩子真正的愛，就鼓勵孩子做事自己來。逐漸把孩子頭腦中的「要我學」轉變成「我要學」，學習的車輪就會轉得快一些。

第四章
學會遺忘

有些人，不再見了，恰是從你的世界消失；而有些人，即使不再見了，卻依舊清晰。想說的，曾經都說過；剩下的，只是讓它堆積、封閉，然後是沉默……。遺忘該遺忘的，因為很多時候，遺忘恰是我們給彼此最好的紀念。

過去的就應該讓它過去

他和她相戀了兩年，兩年裡他們沒有吵過架，恩愛得令所有人羨慕，他們甚至已經在做結婚的打算。然而，有一天男人突然對女人說：「分手吧。」女人哭了，以最快的速度逃離那個讓她傷心的城市，去了別的城市。

兩年過去了，女人以為自己已經忘記了一切，可以真正開始新的生活。然而，當她無意間聽到他的消息時，依舊是心亂如麻，以前的事情像電影一樣在腦中播放，所有的事都清晰得如昨天發生的一樣，心中的痛再次翻湧。原來，她從來就沒有忘記過那痛苦的過去。

每個人都有一段或甜或苦的愛情，愛的時候很美很真，離開的時候很苦很痛，絢麗過後留下的傷痛足夠讓人一輩子記憶猶新。

總有這樣的時候，自以為已經忘記一切，可以重新開始的時候，聽見他的消息心裡仍然會泛起波瀾。知道他過得好，自己會不甘心，因為自己過得這麼痛苦他卻一點都不知道；知道他過得不好，自己又會擔心，但是擔心的同時又在暗暗開心，因為他離開了你也過得不好。

走在街上，看到你們曾經去過的地方心中傷感不已，在夜深人靜的時候聽到一首很悲哀的音樂時忍不住黯然淚下。淚水中回憶曾有的美好，然後在回憶之後不停地品味愛情遺留的苦果，有點澀，有點酸，但更多的是苦。

其實，我們本不該如此，何必這樣痛苦地折磨自己，無論自己怎樣傷心難過，怎樣痛苦，都無法挽回已經逝去的愛情。既然對方已經放棄，自己又何必繼續堅持！這個世界上並不是說誰離開了誰就不能活下去。分開了就應該死心，逝去的風箏不可能再追回來，就算追回來了，那也已經是破舊不堪了。

所以，我們應該要學會遺忘，遺忘你曾經愛過但傷害了你的人，忘記了他就等於善待了你自己，放下傷痛與恨的包袱，你會過得更開心，走得更遠。過去的就讓它過去吧，因為你的未來是在路的前方。

也許某一天，你會在路上偶然遇見他，你可以微笑著跟他打聲招呼。或許這個時候你會發現，他帶給你的傷痛也就只有說分手的那一刻而已。

時間就像一條沒有盡頭的河，一棵沒有年輪的樹，永遠沒有止境，只會不停地向前走，把今天變成昨天，把綠葉變成黃葉。這中間的悲歡離合、愛恨情仇凝聚了多少眼淚，每當回憶起那些傷心的往事，早已癒合的傷口就會再次被撕開。痛苦難耐時，才發現原來遺忘一直是我們內心熱烈期盼的東西。

遺忘是需要勇氣的，越是想忘記就越容易記住，只有抱著一顆坦然的心，從容地走過每一個或芬芳四溢、或陰雲慘淡的日子，我們才會真正地將仇恨、後悔、悲傷遺忘，從而留下一顆簡單快樂的心來面對現在所有的困難。烏雲過後，應是蔚藍的天，朵朵白雲悠然地飄蕩，心情也會如這藍天白雲一樣悠閒自得、舒緩流動。平日裡所有的不愉快都會隨著那悠悠飄走的白雲而漸漸遠去……。

人生感悟

有一種勇氣，叫作遺忘。忘記人生中所有的不快樂和煩惱，忘記胸中那淤積的憎恨和憂傷，忘記曾經讓我們付出很多卻得到的很少的記憶，忘記那些曾經傷害過我們的人，忘記離情和別緒。忘記我們應該忘記的，過去的就應該讓它過去。

為愛選擇遺忘

十多年前，一架客機在中國重慶機場附近爆炸。我成了不幸的女人——本來打電話說三天後才返家的丈夫，不知為何搭上了這班飛機！那幾天，我行屍走肉般在航空公司、殯儀館間忙來忙去，卻不知道命運的深淵中，更大的不幸正悄悄逼近。

我從遇難者名單中發現了一位大學同窗的名字——劉萱。她是我大學同寢室的同學，早年喪父，六十多歲的母親又患了老年痴呆症。這些不幸加上自身的境況不好，劉萱變得極度憂鬱。念在同室之誼，我曾讓她到我家玩過幾天。但我萬萬沒想到，在短短的一週內，她與我的丈夫龐軍會發生那樣的事。在我呼天搶地的慟哭中，她狼狽逃逸，龐軍則跪在我面前扇自己的嘴巴，請求我原諒。我原諒了丈夫，因為我深深地愛他。

大約是丈夫逝後的兩個月，家裡的門被一陣急雨般的敲打轟開。門外是一位抱小孩的女子，二十歲左右。她語無倫次地講起：半年前，住在十八樓的一對夫妻請她帶孩子。兩個月前他們去北京辦事，說好一個星期就回來，誰知兩個月了，杳無音訊，留給她的錢早就用完了。實在沒辦法，她根據男主人丟在家裡的一張身分證影本，按上面的地址找到了這裡。她還在絮絮叨叨，我一望她手上抱著的小孩模樣就明白了一切。剎那間，野獸般的咆哮從我嘴裡迸出，她懷中的小孩也撕心裂肺地大哭起來。

關上門，我真正感到自己被這個世界拋棄了。曾傾心相愛的人竟如此惡毒而圓滑地欺騙了我。在悲傷和仇恨中我挨過了難忘的一年。轉年春節，大學同寢室的另一位好友來拜年，她小心翼翼地提起那個敏感的話題。好友說，其實劉萱與我丈夫後來的發展，許多同學都有所風聞，她還專門去勸誡，卻在劉萱的家裡撞見了似乎剛剛起床的龐軍。他當時拉住她懇求：只要不告訴我，一定痛改前非，與劉萱一刀兩斷。好友為我丈夫保了一回密。以後，每當她看見一臉幸福而滿足的我時，都欲言又止。她萬萬沒想到，他們不但在我眼皮底下偷偷同居，竟還生下一個小孩！她嘆了口氣：「只是那小孩太可憐，沒人收養，被送到福利院時還不到兩歲，瘦得像個小貓……」

第三天，我辦事路過那所福利院，突然產生了去看看那小孩的念頭。

小女孩像一隻髒兮兮的小貓，蹲在一張雙層床的下鋪。工作人員拿了一盒什麼藥過來，一邊給小女孩塗抹一邊說：「甜甜太可憐了，她身體弱，動不動就生病。你看，手背和屁股上全是針眼。你說那些當父母的可惡不可惡，沒本事養，就不要生啊！這位大姐，你是甜甜的親戚吧！你若心腸好就把她帶回去。」

我被工作人員的話嚇了一跳，氣沖沖地說：「你沒有沒搞錯，她關我啥事？」我逃避瘟疫似的從福利院跑出來。

說來也怪，連續幾天，睡夢裡都見到女孩在對我笑，她的笑容像新鮮的太陽那樣純潔無瑕，將我陰鬱的心情過濾得寧靜、單純。其實，我是很愛孩子的，只是為了支持龐軍攻讀碩士，才把做母親的夢壓抑了這麼久。我萬萬沒想到，自己的犧牲卻成全了別人。

在一種複雜的心態中，我又去了幾次福利院。四月的一天，甜甜高燒四十度，躺在床上，兩腮燒得通紅。一見到我，她的小手無力地握住我，喊了聲「阿姨」，兩行淚水就流了出來。對生命的珍愛之情猝不及防地淹沒了我。不知什麼時候我的眼淚也流了出來，甜甜懂事地用滾燙的小手輕輕為我擦拭，嘴裡喃喃地說：「阿姨你別哭，你頭痛的話，甜甜去找醫生來打針，甜甜打針不哭，你也不哭。」我一把抱緊孩子，如萬箭鑽心。

我收養了甜甜。做出這個決定前，我輾轉思考了幾天幾夜。甜甜在這個世界上沒有一個親人了，龐軍是獨子，他的父母在五年前已相繼去世。

我知道這個決定對我一生意味著什麼。

以後發生的事情比我預料的嚴重得多。就在我領養甜甜幾天後，大學幾位要好的同學心急如焚地趕到我家。一位女同學趁我沒注意，悄悄把甜甜帶到隔壁房間，撩起她的衣服仔細查看有無淤血、傷口；另一位男同學拐彎抹角繞了半天，吞吞吐吐地勸我去看心理醫生。原來他們認定我心理變態了，要拿甜甜來折磨，實施報復。

我申請調往離城區較遠的一所中學。搬家那天，我上上下下指揮著搬運工，守「攤」的事交給剛剛三歲的甜甜。她懂事地坐在一堆衣服裡，一步也不亂跑，手裡還死死抱住我的大相框，說：「不能把阿姨摔爛。」看她認真的神態，身心憔悴的我多少有幾分安慰。

我一直不敢告訴家人甜甜的真實背景，但年邁的父母雖然心地善良，卻好像嗅出了什麼，一開始就對甜甜非常冷淡。有次父親老淚縱橫地勸我趁年輕再找個人。他們哪裡知道，我早已對婚姻失去了信心。我沒有了再把甜甜送回福利院或另送人家的念頭。

一次，我從父母家趕回自己的家時已經深夜十二點了。老遠就見窗戶亮著，打開門便見睡在門邊的甜甜，睡夢中她的小臉上還掛著兩道淚痕。第二天，我問她為何不上床睡覺。甜甜說：「我等阿姨，我怕沒人給你開門。」我緊緊地摟住自己生命裡的這個奇蹟，冥冥中似乎有個聲音在呼喚：留下她吧！她會成全你的……。

以後的日子，我和甜甜相依為命、彼此慰藉。不知不覺中，到了甜甜該上小學的時候了。在甜甜踏入校門時，我為她重新取了個名字——曾尊。我希望她不要重蹈她母親的覆轍，永遠尊重自己，珍愛生命。今年夏天，我與學校一位生物老師組建了新的家庭，甜甜在她的一篇作文中，深情地寫道：我不知道自己的生命源頭在哪裡，但我卻生活在幸福中。懂事以來，我第一次喊出「爸爸」、「媽媽」這四個音節，愛心給了我一個溫暖的家。

我在夏日的餘暉裡讀著女兒的作文，望見下了課的丈夫正夾著一疊書往家趕，幸福如潮水般將我托起。

人生感悟

忘記了恨，留下的就是愛。當心靈已經不能承受恨帶來的負擔時，我們就應該拆卸下心中的恨，讓心靈變得輕鬆而靈動。當時間靜悄悄地滑過，恨的感覺已經隨著時間而慢慢走遠，此時，心中留下的是，一種叫愛的東西。

得不到的未必是好的

酷熱隔著玻璃窗透過來，彤彤感到一陣陣的窒息，她無聊地呆坐著，想著過幾天同學聚會的事情。

上學時，彤彤雖然不是班級最漂亮的女生，但學習好、性格好、善解人意、小鳥依人，所以，喜歡她的男孩子是很多的。可她從來沒有動心過，直到浩走入了她的生活。彤彤始終認為浩是對她最好的，是浩先對她表示好感的，反反覆覆地多次，她才接受了。她喜歡浩深邃的眼睛，還有那一手的好吉他。後來，浩當兵，這段感情隨著距離的拉遠卻更加密切了。

那時他們靠書信溝通，剛開始還比較密切，每週三封信。彤彤一次次地給浩寄東西：書籍、牛肉乾、葡萄乾、巧克力、杏肉、照片……，凡是浩願意吃的、喜歡用的，彤彤都會寄的，因為浩說他們在大山溝裡，很苦很苦的。這樣的日子過了兩年多，連浩的戰友都盼望彤彤寄來的包裹，只要包裹一到，他們就會一哄而上，分享那些好吃的。他們都羨慕浩有個漂亮、體貼、忠誠的女友！

後來，彤彤沒有考上大學，也沒有固定且體面的工作。浩的家人給她這段感情無情的打擊。他們是極其勢利的人，為了浩服完兵能有個好工作，能坐在機關裡，試圖高攀一位局長做親家。浩在他們的強壓下妥協了，所以信也少了。當完兵後不久，他便和那位局長並不漂亮的千金結婚了。

浩結婚那天，彤彤痛苦極了，她迷茫地來到水庫旁呆呆地坐了一天。如果不是放羊的老大爺一直在看著她，她也許就會跳入水中，永遠地告別這個世界！

得不到的永遠是最好的，在這以後幾年裡，彤彤沉醉在那段痛苦的感情中不能自拔，她無心交朋友，也不參加一切有可能的聚會，她像個苦行僧一樣生活著，拒絕著外面的一切關愛和美好。

一年冬季，要過年了，彤彤買了大包小包的東西往家走。快到家時，她不經意地回了一下頭，發現浩就站在她身後，她愣住了，渾身顫抖不止。浩說他要去同事家，就在附近，彤彤「哦」了一聲，就和他告別了。

第二天早上，彤彤一出門，發現浩又在附近不停地來回走動著。這次，他告訴她，昨天他是一直跟到她家門口的。因為他忘記了她家的電話號碼，他打遍了幾乎所有和彤彤同姓人家的電話，也沒找到她。昨天突然間碰到了她，便跟上來。他說他的婚姻並不幸福，他和她要離婚了，問彤彤是否可以再給他一次機會，他想從頭開始……。

彤彤望著面前這個淚眼婆娑的男人，過去的一幕幕浮現在她的眼前……，她望著他那一張一合的嘴，陡然間覺得這個本來就不高大的男人更加猥瑣，過去的痛又一次地撕扯著彤彤的心……。

「哼，你把我當什麼了！」彤彤氣憤地想，她告訴他，不可能，過去了就過去了，一切不可能重新再來！

「可是你並沒有男朋友呀！你不是在等我嗎？」浩不停地追問。

「是，我是在等，我是在等當年那個意氣風發、風度翩翩、感情專一、心裡只有我的人，你是嗎？」彤彤直視著浩，聲音雖不高，但卻是一字一句，重重地壓著浩。浩怯懦了，滿臉愧疚難為情地走了。

後來，彤彤聽說他並沒有離婚，依然和他「過了勢」的媳婦生活在一起，依然抽高級的香煙，喝大酒，賭博，還經常出沒那些娛樂場所。那個男人已經不是當年那個坐在大樹下，彈著吉他，用低沉的男中音詠唱戴軍的《阿蓮》的那個男孩了……。

至此，彤彤明白，得不到的未必是最好的。她很慶幸，自己當初沒有嫁給浩：什麼都可以改，但秉性難移，浩本是紈褲子弟，他過的生活完全是放蕩不羈的，如果自己當初嫁給了他，也就是從風姿妖嬈的紅玫瑰變成牆上的一抹蚊子血而已。

人生感悟

得不到的未必是最好的，確實如此。為什麼總是有人說得不到所以才覺得分外地好，那只不過是心理原因，潛意識裡有自卑情緒，喜歡用自己所仰慕的東西來平復自己的缺陷。比如沒有錢的去追求金錢的載體，長得醜的去追求漂亮的依附物……。

幸福其實就在那忘卻裡

當人的生命走到盡頭的時候，會去經歷五穀輪迴；當再世為人經過奈何橋的時候，會喝下一種叫孟婆湯的東西，忘記前世的記憶，今生也就變得快樂起來。

■

在新婚之夜，雯雯突然問了馬征這樣一個問題：「阿征，我們總有一天會老去，直至死亡。如果可以讓你選擇，你希望自己最終的歸宿在哪裡？」

話一出口，雯雯就有點後悔了。大喜的日子問這樣愚蠢的問題，實在太煞風景了。

果然，馬征沉默了。

雯雯正想該如何出言挽回時，馬征卻開口了。

「如果有一天真的要離開這個世界，我希望最後的歸宿是在你的懷裡。這樣，即使要喝下奈何橋邊的孟婆湯，來生，我依然能夠帶著對你懷抱的記憶找到你。」

黑暗中，雯雯看不清他的神色。然而，馬征的話中所透出的認真與堅決，卻讓雯雯感覺到一股巨大的震撼衝擊著靈魂。

是的，那時的雯雯覺得自己是世界上最幸福的女人。

馬征是個性格溫和的男人。不知是否因為這樣的性格阻礙了他的晉陞，至今他仍然在一家公司裡當著一名普通的職員。當初結婚時，很多朋友都不理解雯雯為何會選擇他，畢竟，他一個月的薪水僅及雯雯的三分之一。然而，雯雯始終執著地認為那顆溫柔的心能撫平雯雯每日的辛勞。

結婚大半年了，他們始終住在公司的一棟四層樓的舊公寓裡。雖然只是兩室一廳的小房子，可他們都沒有怨言，用馬征的話說：「房子和麵包總有一天會有的。」儘管雯雯也想住進一棟漂亮的房子中，但這個物價頗高的城市讓雯雯只想先安排好每日的生活。

然而隨著時間的推移，雯雯漸漸感覺到了一種悲哀。雯雯曾經相信平淡才是愛的真實內涵，可日復一日的相同生活模式，讓雯雯開始心生厭倦和反感。柴米油鹽取代了浪漫激情，婚姻開始呈現的乏味讓雯雯對它未來的走向逐漸迷茫起來。

雯雯多麼希望馬征也體會到她這種感覺，或者這樣，他會做一些改變。但馬征卻似渾然不覺，每日如常。馬征的文筆不錯，還發表過一些小文章，所以，下班後總喜歡伏在桌上寫寫畫畫。雯雯不想讓他把更多的精力放在工作上，卻總沒有什麼成效。長久下來積累的對婚姻的迷惘和壓抑讓雯雯的心逐漸麻木和封閉起來，很難再感覺到一絲馬征的愛。

丁勇恰在這個時候闖進了雯雯的生活中。

公司搞了一次聯歡晚會，雯雯獨坐在舞池邊品著紅酒，百無聊賴之際，一個中年男人邀請雯雯跳舞。

晚上已經有很多人來向雯雯發出過邀請，但都被雯雯以各種理由婉拒了。然而面前這個男人，似乎舉手投足間都散發出中年男性，特別是那種事業成功者特有的魅力與氣息，讓雯雯一時找不到拒絕的理由。

曼妙的樂曲聲中雯雯和他輕輕擁舞在人群中。迷幻的燈光讓雯雯一時間有些暈眩。他在雯雯耳邊輕聲說道：「雯雯！對嗎？宣傳部的。」

雯雯小吃了一驚，抬眼望著他。這個男人個子不是很高，不到一八〇公分，然而那股氣勢卻讓雯雯不得不去仰視他。

「沒什麼奇怪的啊？假如連手下員工的名字都不知道，我還混個什麼勁啊！」他輕佻的語氣卻使雯雯心中一緊，疑惑之下，雯雯張口就問：「你是……？」

恰在這時，一支舞曲結束了。他擁著雯雯，附耳輕言：「我叫丁勇。你是今天唯一一個和我共舞的女性。」說完，翩然離去，只留下雯雯愣在那裡。

這個男人，竟是我們公司的副總？而雯雯，竟是今晚舞會中唯一和他共舞的人？一絲虛榮的滿足悄悄爬上了雯雯的心頭。

回到家裡已是凌晨，推開家門，馬征仍然在伏案疾書。見雯雯回來，馬征把書稿都收了，然後從廚房端了一碗麵出來。

「老婆，累了吧？這碗是你最愛吃的……。」

「雞蛋肉絲麵，對嗎？」雯雯打斷了他的話。馬征有些不好意思地撓撓頭。結婚這麼久，他還是像剛戀愛那樣，經常用這個動作來表示他的不知所措。其實雯雯自己也不知道為什麼打斷他的話，但今天總覺得自己像做了賊似的，脫口又說：「你除了會寫寫畫畫，下個雞蛋麵什麼的，你還能做什麼呀？」

馬征的臉色一下子變了。雯雯有些愧疚地望著他手中那碗熱氣騰騰的麵，輕聲道：「對不起，阿征，我可能是太累了。」

馬征也把表情放鬆了，柔聲問雯雯：「那，要不就早點休息？」

「嗯。」雯雯點了點頭。

晚上睡覺時雯雯頭一回背對著馬征，當他自後抱住雯雯時，雯雯輕輕地掙了一下。

馬征的手臂一僵，縮了回去。

雯雯沒有說話，黑暗中，腦海裡一直出現著丁勇那寬厚而瀟灑的身形。

■

平淡的日子就這樣持續了一個多星期。

這天正好是週末。剛下班，丁勇給雯雯打來電話。雯雯一點都不奇怪他是如何知道雯雯的手機號碼的，畢竟，他是雯雯的上司。

到家時馬征興致盎然地說兩個人一起去廣場公園，因為從今天起免費對旅客開放。雯雯卻說晚上同事約著一起聚會。看得出馬征很失望，但轉而他又笑說玩開心點。

天倫飯店是當地一家很有名的四星級飯店，能在這裡經常出入的人非富即貴。雯雯剛到門口，就看見一身黑色西裝的丁勇立在那裡。

雯雯隨著丁勇步入大堂時，眼前的華貴讓她看呆了。迎面正中央是一個彩色噴泉，噴泉背後的一個小圓台上，一位優雅的女鋼琴師正彈奏著舒緩的樂曲，兩邊的餐桌旁，盡是一些衣著高檔時尚的男女。

下意識望了一眼自己那已是退出流行的穿著，雯雯不禁有些暗生慚羞。

他們在大堂一株棕櫚樹後的空位上坐下。這個地方視線很隱蔽，坐著可以窺見整個大堂，而從外面卻不容易看到裡面。

幾杯紅酒下肚，雯雯慢慢放鬆了自己。丁勇端著杯子，含笑問道：「知道我那天為什麼只請你跳舞嗎？」

雯雯搖頭說不知道。

「因為你獨自坐那兒的樣子打動了我。」

雯雯更是不解。公司里美女如雲，雯雯想自己算不上最出色的。

「我挺羨慕你的丈夫。如果我有一位這樣美麗的妻子，是不會讓她在這樣的青春裡把雙手變粗糙的。」

丁勇話中的意思讓雯雯有些慌亂。這樣一個充滿魅力的男人對你說著這種暗示性的話語，讓雯雯突然有了一絲恐懼和擔憂。至於到底在擔憂什麼，在那一刻雯雯自己也不明白。

雯雯幾乎是有些掙扎地說道：「不，丁總。我丈夫是個很稱職、很體貼的男人。」

丁勇竟然笑了出來：「你在自欺欺人！一個在幸福中的女人，不該有你那樣無助而茫然的眼神！它讓你美麗的雙眼失去了應有的神采！」

這番話重重擊中了雯雯的心事，雯雯像一個孩子般伏在桌上哭了出來。半年多來的迷惘和失落，就這樣被這個男人輕易地揭開了。

鋼琴樂的旋繞中，丁勇的手撫上了雯雯的頭髮，耳畔是丁勇溫柔的訴說：「雯雯，讓我來給你的生活重新注入光彩和激情，好嗎？」

彷彿有一道漩渦將雯雯吸了進去，雯雯下意識地點了點頭。

那晚，雯雯沒有回家。

一個男人，點燃了雯雯的所有激情，將雯雯帶入了那所——失樂園。

■

接下來的一個多月，雯雯過得如同貴族一般富奢。雯雯總是挽著丁勇，如同一對熱戀中的情侶，出入各種高級社交沙龍中。這一切都是那樣真實，雯雯卻依舊恍惚如夢。

那晚雯雯沒有回家，馬征並沒有過多的追問。後來去了公司，同事才告訴雯雯說馬征電話都打到他們那裡了。雯雯知道馬征已經明白雯雯向他撒了謊，可是他為什麼沒有揭穿呢？不過雯雯和丁勇的關係是很隱秘的，而那些高級社交活動又是馬征難以涉足的。

可是馬征卻比以前有了變化，回到家中只是寫東西，如果雯雯不問，他也免開金口。他的飄忽不定讓雯雯更生莫名的厭煩，兩個人進入了曠日持久的冷戰。

馬征每日開始獨自做飯，而雯雯則和丁勇在外面把韓國料理、法國大餐吃了個遍。只是在一次回家看見凌亂的廚房和桌上幾根熱狗時，雯雯的心中忽然間生出了一絲愧疚。

這天，雯雯和丁勇在一家商場裡閒逛。這裡面都是一些高檔時裝，可以說是專為丁勇這類人設計。雯雯想自己應該不在這類人中，但是原始的虛榮卻被滿足了。

雯雯漫不經心瀏覽著兩邊衣架上價格高昂的服裝時，丁勇的腳步突然停了。雯雯奇怪地望了他一眼，他卻沒有看雯雯，只是說道：「那個男人一直在看著你。」

雯雯順勢看去，身子一下子僵了，愣在了原地。

馬征。

雯雯一下子慌了神。這種以他的能力買不了東西的地方是他從不涉足的，雯雯做夢都沒有想到他竟然會出現在眼前。

馬征的眼神是複雜的，彷彿很多東西絞在一起。那眼神，沒來由地讓雯雯的心一痛。雯雯拋開了丁勇，奔向馬征：「馬征，你聽我說……」

馬征轉身跑了。

雯雯頓在那裡，緊咬著下唇，望著他消失的方向，一動也不動。

丁勇走過來，摟著雯雯輕笑：「好了，別看了，我送你回家！」雯雯斜了他一眼，心裡恨他還能笑得出來。就在那一瞬，雯雯生出了一絲疲倦和後悔。雯雯沒有回答，任由他將她送到家門口。

家裡煙霧繚繞，馬征正在狠命吸著一支又一支香煙。燈光中，屋裡瀰漫著昏黃得嗆人的煙霧。只這一會兒時間，馬征竟憔悴得似乎有些蒼老了。

雯雯凝視著那張從相戀至今已五年的熟悉面容，眼眶有些濕潤了。

馬征又狠吸了一口煙，掐滅了煙火，說道：「既然回來了就早點睡吧。」

他的語氣冷靜得出乎雯雯的意料。雯雯內心湧起不安，問道：「你……你沒有什麼想問我的嗎？」

他搖了搖頭，露出一絲無奈而淒然的笑容來：「不用了。有些事情，還是不知道的好。」雯雯咬了咬嘴唇，輕聲道：「阿征，我……」

馬征擺了擺手，打斷了雯雯的話，「雯雯，別再說了。我是真的不想聽了，你和他的事，我其實早知道了，我也不是傻子。」雯雯頓時望著他，卻看見嘴角那絲苦澀。「別忘了，我的好多同學都比我混得好。我一直不相信他們說的，今天卻親眼看見了。你和他在一起那種快樂的樣子，我已經很久沒有見到過了。」

馬征又點燃一支煙，深吸了一口，聲音已有些哽咽：「雯雯，我很愧疚，沒能給你更好的生活。」

雯雯流淚了，原來，馬征並非心中沒有想法。雯雯說：「阿征，我們重新開始，好嗎？」

馬征只是吸著煙，冷冷地望著雯雯。那蒼白的面容令雯雯不敢直視。

他的沉默，給了雯雯清晰的答覆。

■

半個月後，雯雯和馬征把結婚證書換成了離婚證書。走出法院的大門，雯雯一時有些暈眩，彷彿這一切都不是真的。

天氣晴朗，空氣中，也瀰漫著一股異樣的味道。厚重的烏雲似乎沉甸甸地壓在雯雯心上。

他們都沒有說話。還是馬征先開了口：「走吧，回去把東西收拾一下，等他來接你。」

雯雯聽了無話，全身卻空蕩蕩的，有種很強烈的失落感。雯雯很想哭，是一種突然間的情緒。直到現在，這一切恍然如夢，而雯雯竟不知身在何方。

回到那間共同生活過的屋裡，雯雯收拾著自己的衣物。雯雯本想把存摺給馬征留下，卻被他拒絕了。

外面，響起了急促的喇叭聲。

丁勇來了。

雯雯來到門口，深吸了一口氣，閉上了雙眼。這屋裡曾那樣熟悉的味道將從此陌生，而雯雯的心情卻紛亂如麻，不知從何整理。

忽然，馬征叫住雯雯，遞給雯雯一個盒子。雯雯用詢問的眼光看著他，沒有接。他的表情又現出了往日那種急促：「這……這是送給你的。就算是個紀念吧！」

「謝謝！」雯雯想打開，被他止住了。

「別看了，走了再看吧。或者，永遠別打開了。」

雯雯又有一種想哭的衝動。

望了一眼窗外，天氣陰沉得可怕。雖然才下午五點多鐘，卻已然如黑夜降臨。

懸掛的電燈莫名其妙地搖晃起來，接著便熄滅了數秒鐘。雯雯無緣無故打了個寒噤。

屋外喇叭聲又響起了。

燈又滅了。

忽明忽暗幾次之後，燈泡掙紮著送來一次光明之後，澈底滅了。就在那一霎，雯雯竟看見了馬征臉頰上垂落的眼淚。

房屋劇烈地抖動起來。

一切是那麼突如其來。

僅僅沉默了幾秒，屋外便如炸鍋般，人聲鼎沸，各種雜亂無章將雯雯的驚恐推上了極致。天花板上的牆皮簌簌地掉了下來。房屋抖動得更劇烈了。

雯雯突然感到世界末日的來臨。

一雙有力的臂膀緊緊抱住雯雯，低沉而鎮定的聲音響在耳邊：「雯雯，別怕，我保護你出去，然後趕緊坐他的車走！」

就在說話的同時，屋外依稀傳來汽車的馬達聲。馬征護著雯雯，摸索著打開門，雯雯大聲叫道：「丁勇！丁勇！」

沒有人回答。

房屋的抖動讓雯雯已經站立不住了，丁勇竟然不顧雯雯而先行逃生了，更讓雯雯全身冰冷的是，如今滿心都是被欺騙的絕望。

「咯嚓」一聲巨響，幾乎同一時間，雯雯被馬征用力推到一邊。黑暗中，一個重物壓在了雯雯的腿上，劇痛下的雯雯大叫了起來。接著便聽到馬征悶哼一聲。

雯雯的恐懼支配了所有的思維，幾乎是語無倫次：「那個混蛋！竟然先跑掉了！混蛋！」罵了半晌，又一陣劇痛襲來，反而讓雯雯從歇斯底里中清醒了過來。雯雯試探著開始呼喚馬征。

黑暗中，馬征的聲音清晰地傳來：「我沒事。雯雯，你有沒有怎麼樣？」

「我的腿被砸到了，動都動不了。」雯雯的聲音裡已有了哭腔，「那個混蛋，居然先逃掉了，混賬東西！」

馬征沒有回答，半天嘆了一口氣：「現在別說這些沒有用的話了。好歹我總陪著你啊。」頓了頓，他有些無奈：「看來得等到明天才有人救我們出去。」

這種地獄般的恐怖經歷雯雯從未有過，疼痛和恐懼讓雯雯已經無法正常思考了。

雯雯覺得自己已經快崩潰了。

「雯雯，」馬征叫雯雯的時候聲音中彷彿有一點笑意，「還記得咱們新婚那天，你問我的問題嗎？」

「……」

「你忘了？再好好想想啊。就是新婚之夜的時候。」馬征的語氣還是那麼沉穩，雯雯的心竟也安定了不少。雖然不明白他為什麼會在這種危急時刻提到這件事，但雯雯還是老實回答了。

「你說，明天的報紙上會不會登一則新聞，題目……題目就是……地震中夫妻殉情雙亡？」馬征的聲線顫抖著。雯雯一慌，焦急地問道：「馬征，你沒事吧？」在這無邊無盡的黑暗中，只有他才能讓雯雯覺得安心。

「我……我真的沒事，你……還擔心我嗎？……咳咳……」一陣劇烈的咳嗽之後，是長久的悄無聲息。情急之下，雯雯拚命掙扎著身子，腿上的劇痛瞬間衝擊著大腦，雯雯一下暈了過去。

不知過了多長時間，雯雯悠然醒了過來。睜開眼，仍然是一片黑暗。恐懼如同一隻巨大的魔掌抓住雯雯的身軀，雯雯極度無助地大聲呼喚著馬征。

良久，才聽到馬征微弱的聲音：「雯雯，我在……在這裡，你……你還好吧？」

雯雯終於痛哭出來：「阿征，我……我……我怕……」

「別哭，別哭啊！」馬征有些慌張，「我……我會陪著你，你別……別哭……」聽著他強裝鎮定地安慰雯雯，雯雯的心彷彿被撕了一個大口。

「真的，別哭了。我……我以前不是說過，不管多……多危險，我都會在……在你身邊……」馬征的氣息越來越急促。

「阿征，你別嚇我，別嚇我！嗚……」雯雯開始泣不成聲了。

馬征沒有回答。

雯雯慌了，心頭狂跳。

「咳……咳……雯雯，我……好想……睡……」

雯雯的淚水如泉湧般不止：「不要，阿征，你要堅持住，千萬別睡著！」

「呵……呵，我……我不睡……我要陪……陪著你……到天亮……」馬征的氣息微弱得似在空氣中飄蕩。

一團火在雯雯胸中燃燒起來，腦海中不斷出現以前他們相戀時和結婚後的場景。雖然總是那麼平平淡淡，但現在雯雯才發覺這種平淡竟是那麼真實和寶貴。雯雯一直在自我悲哀，卻不明白自己所追求的幸福就孕育在這些平淡之中。而雯雯，直到這生死交關之時才發覺。

「雯雯……我……好冷……看來……我沒辦法……陪你了……」馬征竟然還在自責！

「不！」雯雯用盡力氣大叫，「我不准！阿征，你說你要一直陪我的，我再也不會離開你，我想和你過完這輩子！你答應我啊！」

黑暗中，是無盡的沉默。冰冷的空氣裡溢滿了死亡的氣息。

「對……對不起，雯雯，我……我失信了……」

巨大的悔恨瘋狂地噬咬著雯雯的心，那種鑽入骨髓的痛楚讓雯雯無處發洩，淚水卻無法停止。雯雯這才知道，這個用生命來拯救雯雯的男人，是那樣深沉地愛著雯雯。然而，他的愛竟是用生命才讓雯雯真正明白！

無盡的悲傷中馬征似乎在自言自語，只是聲氣卻是極其微弱。

「如果……有一天……將……將要離開……這個世界，我希望……最後……的……歸宿……是在你……你的懷中，即使……即使……喝下……孟婆湯，我……我來生……還是……還是會……找到……」

任憑雯雯如何大聲呼喚，卻再也聽不到馬征的任何聲音。撕心裂肺的悔恨讓雯雯澈底崩潰了。

冰涼透骨的寂暗裡，只有雯雯無止無盡的悲傷。

不知過了多少個小時，雯雯終於被人從殘垣斷壁中救了出來。

眼前，是雯雯這一生永遠也不可能忘記的畫面。

一面坍塌的牆死死地壓住了馬征的大半個身子，只有左手臂和頭還在外面。在馬征的身下，一大灘血漬早已變成褐色。馬征的臉龐仍對著雯雯躺倒的方向，掛著笑容，似乎正準備繼續安撫雯雯的恐懼。蒼白如雕刻的臉上，是一雙永遠也睜不開了的眼。

雯雯的胸口猶如被萬斤重錘擊中，一下子撲到他的旁邊，抱著他的頭，用盡全身的氣力嘶喊道：「馬征——」

聲音劃開了廢墟，卻換不回永遠沉睡的馬征。

周圍的救護人員無不潸然淚下。

■

一個半月後，當丁勇手持鮮花出現在醫院時，被雯雯當面把花扔到了他的臉上。病床邊，是一疊散落的文稿，是馬征在每天夜晚寫的一本《我愛我妻》，在那裡，記述著他們自相戀以來所有的生活點滴。

雯雯沒有指責丁勇，雯雯不想讓他卑劣的靈魂侮辱到雯雯懷中的馬征。

是的，雯雯懷中的馬征的——骨灰盒。

他說過，雯雯的懷裡是他最後的歸宿。

雯雯要他下輩子還能找到她。

淚水一滴一滴掉落在黑色的盒子上。那裡面，是雯雯一生唯一的記憶……。

是的，當人的生命走到盡頭的時候，會去經歷五穀輪迴；當再世為人經過奈何橋的時候，會喝下一種叫孟婆湯的東西，會忘記前世的記憶，今生也就變得快樂起來。難道非要到那個時候才能真的忘卻？幸福是什麼，幸福在哪裡，人一直都在苦苦尋覓著，尋找著，幸福其實就在那一回眸間，幸福其實就在那忘卻裡。

人生感悟

傳說中有一種孟婆湯，喝下之後會忘卻一切。忘記一切憂愁，忘記一切憎恨，忘記一切的不愉快和記憶裡想忘記的東西，當然也包括忘記情，忘記愛……。

忘記了情，忘記了愛，也就忘記了一切不願意記憶的東西。當為了愛一個人在苦苦掙扎的時候，當為了一段感情在無奈徬徨的時候，忽然的忘卻該是多麼大的一種幸福。

不值得為花心男人而憔悴

張愛玲傷感地說：「倘使我不得不離開你，不會去尋短見，也不會愛別人，我將只是自我萎謝了。」想張愛玲是何等聰明的女子，竟掙脫不了情天恨海這張網，讓人有種「怒其不爭」的感嘆。

花心男子前有古人，後有來者，朝朝代代概莫能外。如果遇到花心男人，女人就自我萎謝，用別人的錯誤懲罰自己，那太不值得，也對不起只有一次的生命。遭遇花心男人，固然是女人的不幸，但當這種客觀存在無法改變時，女人應逐步擺脫情感上的困惑，把生活和生命的質量握在自己的手裡，讓生命的花朵開得更加鮮豔！

認識小武是在網上，大我四歲的他有很多好的人生經驗，無論是生活還是工作，都給了我很多幫助。

和小武見面是我們在網上聊了一年多後，那時候我們已經在網上談感情了。後來我們經常見面，他每天都會發短信給我，督促我吃早飯，讓我注意添減衣服，工作不要太累……。

小武有女朋友還是從他的朋友那裡得知的。一次我和幾個同事一起吃飯，其中一個同事的男友是小武的朋友，說到他時，那人很奇怪地問我：「他有女朋友啊，你不知道嗎？」那一刻我都糊塗了，腦子裡轟轟的。

見面時，我失去理智似的衝著小武大叫：「你不是沒有女朋友嗎？為什麼要騙我？」他按住我的肩膀，安靜地說：「我說過沒女朋友嗎？是你從來沒問過。」多麼卑鄙的回答！我很想給他一個耳光，可是看著那張自己深深迷戀的臉，我的手摀住了自己的臉，眼淚嘩嘩地流下來……。

我以為和小武之間徹底結束了，可他就跟什麼都沒發生似的，還是像以前那樣來找我，還跟我談論他和女友的事。我不想和他糾纏，又克制不住見他的衝動，於是，我們還是經常一起吃飯，一起逛街。過馬路時他會牽著我的手，天冷時會攬著我，甚至還拉著我的手跟他女朋友通電話……。

後來小武的女友知道這件事，他們分手了。我終於可以名正言順地和小武在一起了，當時真是幸福得要命！

然而不到一年，小武就開始對我心不在焉。後來，我看到他和一個女孩在一起，小武正拉著那個女孩的手過馬路。那一刻，我彷彿看到一年多前的自己……。

感情被戲弄的感覺對每一個女人來說，都幾乎是滅頂之災，不論誰遇此災難，都會花容失色，魂不守舍。花心的男人，除了花心之外，一定有些地方是讓人難以割捨欲罷不能的，不捨痛苦，捨棄也痛苦，於是只有枯萎了。

感情非常細緻又非常敏感，容不下一點虛假一點欺騙，因為愛到了極致，就是毫無保留。即便是自身曾經多麼堅強地防禦，也會心甘情願地為那個人卸下全身的重甲。

自從世間出現了兩情相悅，就注定所有人都要被情所累，為情所傷！

感情從來都是一把雙刃劍，既可傷害別人也可以傷害自己。

通常情況它顯現的是光華耀眼的美麗，可有的時候也會有讓人感到錐心刺骨的痛楚。

其實，誰都知道，一個值得愛的人並不是很容易找到的，有時候窮極一生也未必能夠如願，每個人都在反反覆覆地重複這個過程。

找的歷程充滿了艱辛，會有煩惱，會有憂愁，會有徬徨，會有失落，但千萬不要讓自己和對方受傷。

感情的傷害很難痊癒，就算創口癒合也會留下一個醒目的疤，在過後的漫長歲月裡，一旦碰到陰風寒雨，心靈深處都會感覺到撕心裂肺的痛。

如果，你不愛他，那就不要輕易接受他，做人真的很不容易，太多的時候愛別人或者被別人愛都是進退兩難。

所愛的人並不一定愛你，而愛你的人又不一定是你所能愛的，追求一個所愛的人和拒絕一個自己所不愛的人，都同樣是一件讓人心力交瘁的事。

人生感悟

人生並不是只有一天好走，感情這東西最難的，不在於愛上一個人或是對他說我愛你，而在於愛得尊重、愛得持久。

生活畢竟是現實的，人總要經歷這樣那樣的考驗，人生中會有很多意想不到的事情發生，不單單是一句「我愛你」就可以解決所有問題，要有足夠的耐心去面對。

事並不如煙

愛一個人不是要成為所愛的人的牽絆，只要心中有愛，生活總是那麼美好。

她記得他年輕時的樣子，那時他剛從師大畢業，有幾分青澀的笑，很靦腆，說話有點結巴，愛臉紅。偏偏就是那個樣子，讓她一下子情竇初開。

然後是轟轟烈烈地相愛，之後便是沸沸揚揚。在小縣城，這樣的師生戀是絕對不被允許的。她被父母轉學到了市裡，他則被發配到一個鄉里當老師。

她還記得剛分開那陣，她每週騎六十公里的車去看他，一路上塵土飛揚，漫天黃沙。到了他那兒，他給她打一盆清水，看她洗臉，叫她小白菜。

那年，她還不到十八歲，他比她大六歲，二十四歲。後來，她的父母知道她這樣頑固不化，就把她轉到了外省的姑姑家。她再也見不到他了，於是給他寫信，可是，信全退了回來。

她哭了又哭，想休學去找他。暑假裡，她偷著跑回來去看他，而他早就調離了原來那個學校，去了更偏遠的一個學校，她找到他的時候，看到了他的妻子，已經有了身孕。

「為什麼？」她問。

「為了你。」他回答道。

她哭得很傷心，才發現錢包沒有了，她被小偷偷了！他給了她一個月的工資，送她到小鎮上的車站。她問他：「你會一直記得我嗎？」他低著頭，一直沒有說話。她走了，再也沒有回頭。

那是二百塊錢，她記得一清二楚。

十多年以後，她考上知名大學之後，又考取了義大利的一所著名大學，成了從義大利回來的「海歸」。她依然孤身一人，沒有結婚，不是沒有人追求她，而是她覺得自己太挑剔了，心裡也裝不下別人。

之後，她回了一趟老家，別人向她說起他，她冷淡著臉說，不記得了。

讓她始料不及的是，她居然遇到了他，在小城的街道上，她一眼就看到了他。

外面天寒地凍的，他穿了一件灰色的羽絨衣，頂著風騎著自行車，風吹起他的頭髮，很亂，他的眼睛有些腫，他的頭上有了白髮！

即使他老了瘦了黑了，但她還是一眼認出了他！她卻變得讓他幾乎認不出來了，紅色的大衣，黃色的羊絨衫，手裡的名牌包要一萬多塊，她現在是省城有名的大律師了，在省城有自己的跑車和帶大陽台的房子。

她在後面叫了他的名字。

他回了一下頭，覺得她可能是認錯人了，於是又騎上自行車。她再次叫了他。

他站住，回頭仔細看了一眼。

他一下子想起來了，嘴唇哆嗦著：「你回來了？我正給她抓藥去，她得了風濕病，好多年了，學校裡的房子陰冷、潮濕……。」他說著這些家長裡短的小事。她記得他多年前是多麼飄逸，而富有幽默感，她記得他長得多麼英俊，她記得他細長的手指，但現在她看到了一個中年男子，眼袋垂下來了，手指關節極大，頭髮亂蓬蓬，站在冷風裡傻愣著。

她還記得漫天的黃沙，她騎車飛奔六十公里去找他，他給她炒醋溜土豆絲吃，給她暖著手，她的腳凍了，他脫了鞋給她焐著。

她曾以為自己徹底忘記這些了，但剎那間她卻發現，這一切她一直珍藏著。

她給了他聯繫電話，說：「我在省城認識一個老中醫，看風濕特別好，你一定記得帶著她來找我。」

往回走的時候，她的眼淚一直迎著風掉，掉得很急，那過去就好像一瓶過期的罐頭，雖然過了期，但是一直珍藏著。

回省城後她打電話給他們，說：「來呀，我等著你們呢，這邊都聯繫好了。」

他不好意思地說：「怕麻煩你，不好意思。」

「不麻煩，我給你們約好了，來吧，你們的吃住，我都安排好了。」她不嫌棄他們，把自己的屋子騰出來讓他們住，自己住公司。

來的那天她親自去接的，在人來人往的火車站，他介紹給她：「這是你嫂子。」她向那個面如土灰的女人喊道：「嫂子。」

到了大夫那兒，她嚷著：「哥，你去取藥，我陪嫂子買點日用品。」

那是她再次叫他哥，他們好的時候，她一直叫他哥，而十多年以後，她依然叫他哥！

她一直叫他們哥和嫂子，叫得極為自然，那大夫說：「你哥長得可夠土的。」

她笑笑，不答。

走的時候，買了大包小包，特別給嫂子買了高檔化妝品，四十多歲的女人哪能不用化妝品？上車的時候，她還硬塞了五千塊錢給他，他硬是不要，她說那二百塊錢，換成今天，加上利息，也該有這麼多了。

他一直沒有說話，一直和她很客氣，火車開動後，他忽然叫她：「小白菜，我都記得。」

十多年了，原來他也都不曾忘記。那天她在站台上，像傻子一樣哭了，「小白菜」是她的小名，只有父母和他知道，父母去世了，這世上唯一一個叫她小白菜的人就是他！

人生感悟

遺忘是人的天性。一生中，我們要經歷許多事情，要相識相交許多人。而心靈像極了一個篩子，在世事滄桑顛沛變換之中，會遺漏許多人。

不過，對於智者來說，他們忘記的是別人的不足和過錯，他們不會刻意去記恨一個人，而他們記住的卻是別人的好和善，並時時充盈著自己的一顆感恩的心。

一個人的初戀

十八歲那年，她戀愛了，在大學校園裡牽著那個男孩的手，笑靨如花。同學們碰見，當面就表示羨慕：「你男友真帥啊，天生一對！」男孩的臉微微紅了一下，靦腆地低了頭。男孩的確眉清目秀，玉樹臨風，但是她更喜歡他的這份青澀，透著一股純純的愛。

三年後，她即將畢業，帶著男孩回到縣城的老家，面見父母。

誰知道，父母問明男孩情況，面色立刻變得陰冷。男孩臨走時，她的父親說：「請把你提的東西也帶走，我們不需要。」

男孩面紅耳赤地說：「伯父，您儘管放心，我會好好照顧您女兒的！」父親冷笑著反問：「你只是個做點心的，我女兒是大學生，你能給她幸福嗎？」

平生第一次，她居然大聲呵斥父親：「爸爸怎麼這麼說話！」還沒反應過來，她已經挨了重重一個耳光，臉上腫起老高。父親瞪著她：「這是我第一次打你，但如果你不聽話……，在他和我們之間，只能做一個選擇！」母親則眼淚漣漣，苦苦相勸。

最後，女孩哭著送男孩回了旅館。

回到家後，她明確表示不願意放棄這段戀情，甚至絕食反抗。父母把房子鎖上了，她就從窗戶裡爬到隔壁阿姨家，偷跑出來，去小旅館找他。他仔細看她，輕輕撫摸著她臉上紅腫的指印，忍不住落下淚來，半天說不出話。

當年，他們是在校園附近的西餅屋認識的。她愛吃巧克力棒和草莓蛋糕，愛穿白裙子，愛笑，和店裡的人很快就熟了。他是店裡有名的點心師，看見她就會臉紅。有一天，店裡人很少，他現場製作了蛋撻，在上面放上一顆葡萄乾，特意推薦給她，輕聲地說：「這是公主蛋撻，我覺得很適合你。」她瞟一眼他，他臉紅得像水蜜桃。她吃了一口蛋撻，香甜可口，溫暖四溢，一直甜到心扉——這就是初戀的滋味嗎？

鑲有葡萄乾的公主蛋撻一直是她三年的專屬，甜蜜了她整整三年。現在，痛苦也來得驚天動地。一向孝順的她實在不忍心看著父母以淚洗面，日漸憔悴，每每說起就抽噎個不停，

卻仍握住他的手：「沒關係的，我們還是要在一起！」

當她第六次偷跑出來去旅館，服務員卻交給她一個小紙鶴，說那位男生已經退房走了。她心慌意亂，不知所措。那段日子，她幾乎天天失眠。當她終於拿到路費去省城的西餅屋找他時，他已經辭職走了。

再後來，她終於消退了對他怯懦的痛恨與思念，和公司裡收入豐厚的部門經理談了戀愛。再後來，她嫁人生子，週末坐在自家的小車裡一家人去郊遊賞花。

歲月明媚，生活圓滿。初戀，只剩一道淡淡的痕，唯有那隻紙鶴，她仍夾在自己的日記本裡。已過六年，她整理舊物，忽然看見那隻紙鶴，有點悵惘，竟不自覺地拆開，猶如拆開自己一度無解的心事。

裡面卻是有字的，密密麻麻，寫得緩慢細緻：「希望一輩子讓你做我幸福的蛋撻公主，但帶給你的卻是痛苦。你每次來都會更瘦，我心疼死了。那三個月我私自找過你的父母很多次，苦苦哀求，毫無結果。不忍讓你如此掙扎矛盾，我只有先行退出，讓你澈底忘了我，才有空白填補新的幸福……。」

鋼筆字跡模糊的，有他的眼淚。

她想起父母當年說，他從不爭取，一走了之，算什麼男人？

現在再說這些也沒有用了，可是她還是忍不住給母親打了電話：「他當初找過你們很多次嗎？到底誰在說謊？」母親沉默了很久，居然嘆了口氣，悠悠地說：「他還真是痴情的孩子。」他的確無數次地找過她的父母。最後一次的情形，她的母親記得一清二楚。

他當時黑著眼圈，襯衫晃晃蕩蕩的，有點魂不守舍地說：「我準備離開她了，再不聯繫她，讓她澈底忘了我，但是——伯母，今後我會打電話給您，請您告訴我她的近況好不好？要不然，我擔心自己忍不住去找她……。」

「頭一年，他一週打一次電話。他慢慢知道你談戀愛了，結婚生子了，就半年打一次電話。他特意叮囑我，別讓你知道，省得掛念。他的電話是從天南地北打來的，沒有固定的城市。前三個月，他最後一次打來電話，說他也想成家了，說他遺忘的速度遠遠沒有你快，但是，心裡終於有一點空白了。」

她在這邊聽著，淚水流了滿臉。

人生感悟

原來，遺忘也是一種祝福，轉身也是一種深愛。他孤獨一人在不同的城市輾轉流浪，拿出最珍貴的青春歲月，只為延續這段只剩下一個人的初戀……。

記住該記住的，忘記該忘記的，改變能改變的，接受不能改變的。

紫水晶的愛情秘密

查完房後，醫生再一次失望了。他搖搖頭，神色暗淡地走出了病房。此時露茜正痛苦地躺在病床上，面容憔悴不堪，她甚至聽到了死神的腳步聲。大約從半年前開始，失眠的痛苦就開始折磨露茜，許多醫生都找不出病因。一系列檢查過後，醫生總是肯定地說：「你沒有任何問題。」

但是露茜的病還是發展到了藥物都無法控制的地步。醫生說：「是好是壞，一切都得靠她自己了。」露茜躺在病床上，渾身痠痛難忍。丈夫萊德曼總是守候在她的床前。為了妻子，他已經半年多沒有工作了，他修鞋掙來的那點積蓄早已花得一乾二淨。

這一天，露茜正努力想睡著。這時候，萊德曼卻興奮地走進了病房，大聲喊道：「露茜，上帝保佑，我們有救了！」

露茜看見萊德曼手裡捧著一個精美的小禮盒，只聽他高興地說：「剛剛護士給你送來了這個禮物！不知是誰在我們的帳戶裡存了一大筆錢！足夠給你治一陣子病了！真是太好了！」

打開禮盒後，露茜一下子呆住了。這是一款漂亮的紫水晶手鏈，十二顆紫水晶清透亮麗，發出迷人的紫色光芒。

淚水慢慢地湧出了露茜的眼眶。曾幾何時，擁有這樣一款手鏈一直是她最美好的一個夢啊。事隔這麼多年，它竟然來了！這是真的嗎？

往事再次浮現在露茜的腦海裡，那些日子才是她過得最開心的時候。她是村子裡最漂亮的姑娘，有湖水一樣迷人的眼睛和誘人的小酒窩。更重要的是，她還有一個傾心相愛的人。他和她常常在一棵大樹下約會，他們一起唱歌、跳舞，說著讓人耳熱心跳的悄悄話。他曾經把合歡花插到她的頭上，許諾要給她一個隆重的婚禮，並給她戴上一款最漂亮的紫水晶手鏈。從那時起，她就認定自己已經是他的人了。

可是心上人在一次出海後，再也沒有回來。聽到這個噩耗時，她感覺自己也已葬身大海。後來，她嫁給了萊德曼，後來，她想要個孩子，卻未能如願，再後來，失眠就來了⋯⋯。

難道那一次海難後他還活著？露茜撫摸著紫水晶手鏈，一時百感交集。十年之痛啊，為了他，她竟渾渾噩噩過了十年！她產生了一個強烈的願望，就是想看看他，哪怕只看一眼。

一旁的萊德曼似乎沒有料到她會如此激動，輕輕地為她擦去淚水。露茜忽然覺得心酸起來，其實萊德曼一直是個好丈夫，他能容忍她的小性子，能容忍她的冷漠。她並不是不知道回報，只是她始終對那段刻骨銘心的感情難以忘懷。

露茜的精神一下子好了很多。很奇怪，帶著手鏈，露茜每天也能睡上一小會兒了。萊德曼把這一切都歸功於水晶手鏈，他總是興奮地說：「早就聽說水晶對人的睡眠有好處，沒想到有這麼神奇。」不過，這的確是不同尋常的水晶。

在醫院裡調養了一些日子，露茜終於可以出院了。走出醫院後，一切在露茜眼裡竟都變得可愛起來，特別是家裡小院中的那一株合歡花，彷彿懂得應和她的心情，紛紛開出了美麗的花朵。微風吹過，花兒大朵大朵地往下落，就像可愛的天使。

因為一直無法忘記過去，她親手在院子裡栽下了這棵合歡樹。露茜經常在樹下想自己的心事，或者看著水晶手鏈出神。可是，親愛的人，你在哪兒呢？過了好些天，她竟然沒有得到一絲音訊。難道他知道她已經結婚了，不敢來打擾她的生活嗎？

如果是這樣，那是沒有道理的！因為，她已經把前半生給了萊德曼，現在活過來，完完全全就是為了他！她是如此想見到他，天天在樹下流淚。有時候，萊德曼晚上回來，還看到露茜在樹下發呆，他總是心疼地說：「露茜，你現在身體不太好，別在樹下著涼了，知道嗎？」

終於有一天，露茜決定去找他了。她想，他既然能把這串水晶手鏈送到醫院來，他可能隱藏在某個暗處，離她不遠。露茜鼓起勇氣來到了城東的珠寶店裡。這個名叫約翰的老闆是他們的一個好朋友，她想，精明的約翰應該知道這手鏈出自何處。如果知道這手鏈是從哪兒買來的，她就可以順著這條線索找下去了。

約翰看到了露茜，遠遠地打起了招呼：「嗨，露茜。你現在看上去氣色真好！」「你好，你可以幫我一個忙嗎？」露茜輕輕一笑，走上前去把手鏈取了下來，遞給他認真地說，「我想，你一定知道這樣的水晶手鏈出自何處。」

約翰接過來看了一眼，竟然哈哈大笑：「這就是萊德曼在我這兒為你買的那一款！」

露茜一聽驚呆了，喃喃地說：「這怎麼可能？你知道我們家很窮，他根本買不起水晶手鏈！」

「這是我賒給他的！」傑克遜說，「萊德曼真的很愛你。前不久，他來到我這兒，說終於知道你為什麼不願意為他活下去了。他說，只要有一串水晶手鏈，你一定會好起來的。於是，我就幫了他……。」

一切都出乎意料。露茜的臉上飛快地泛起了紅暈，然後轉身就跑，只聽約翰在身後追著大喊：「你還沒有拿走你的水晶手鏈！」

露茜卻沒有理睬，她一路小跑著，感覺心像小鹿一樣，猛撞著她的胸腔。回到家後，站在鏡子面前，露茜才發現自己早已淚流滿面。這麼多年來，她終於在鏡子裡看到自己的眼睛裡有了幸福的光彩。她想好了，等到萊德曼回家的時候，她要好好地謝謝他——那串手鏈她已經珍藏在心底了。並且，因為那串水晶手鏈的到來，她的愛甦醒了。

人生感悟

有人曾經說：「在這個世界上沒有任何人值得你去流淚，值得的人不捨得你流淚！」雖然曾經心動過，曾經心痛過，但我相信時間真的可以淡化一切。好好對待自己！忘記一切，重新開始！

遺憾．遺忘．寬容

和妻子阿蓮認識時我還在廣州讀研究生，當時我已到而立之年了。阿蓮在工廠工作，比我小三歲，她心地善良、性格平和，因為長年照顧生病的父親，把自己的婚姻大事耽誤了。

研究生畢業後我留校教書，工作三個月後，我就和阿蓮結婚了。因為年齡的關係，我們渴望著能盡快有個孩子。可就在結婚半年後，因為我的業務成績突出，學校派我去德國進修一年，孩子的事只能推遲了。

在國外，每兩個星期我就會給阿蓮寫封信，而她給我的信寫得更勤。可是在一九九八年八月以後的一個多月時間裡，阿蓮再沒有給我來信。

這時，導師弗萊德教授提出讓我再延續一年學業，還可以把妻子接過來。我感到特別高興，連忙打電話告訴阿蓮。

阿蓮接到我的電話似乎非常吃驚。

我大聲說：「我是健生啊。」

她並不說話，突然哭出了聲，壓抑不住的抽泣一聲聲從話筒那邊傳了過來。我心一沉，預感到有了不好的事發生。我問：「你怎麼了？快點告訴我。」

她只是哭。我見問不出什麼，趕緊告訴她可以來德國的事情。我說：「我給你辦出國手續，你快點來吧，到我這裡來一切就都會好起來的。」誰知，她竟斷斷續續地說：「健生，你忘了我吧。我不會去德國的。我要和你離婚。」

我頓時感到一陣眩暈，腦海裡第一個念頭就是她有了外遇。我逼著問她是不是又有了什麼人，她長久沉默後說：「就算是吧，是我對不起你。」

為什麼她告訴我這一切時會那麼悲痛？妻子的為人我還是瞭解的，我不相信她會是那種耐不住寂寞的女人。

我很快給她又寫了封信，希望她能告訴我真相。第三天，我再一次給她打了個電話，誰知她一聽是我的聲音，立刻就把電話掛了。

電話打到她姐姐那裡，她的姐姐也只是哭，並且告訴我說阿蓮已經下定離開我的決心，要我不要再去煩擾她了。八月以後，我終於放棄了再和她聯繫，但心裡總是感到失落萬分。九月，我接受了延緩一年的條件，繼續留在德國學習、搞科研。日子一天一天靜靜地過著。離學業期滿還差三個多月時，我終於忍不住了，匆忙結束了德國的學習。

原來的家已空無一人，我向她姐姐家走去。當我敲開門，她姐姐一見到我甚至來不及吃驚，淚水就流了下來。

「我以為你再也不會來找我們了呢。」她拉著我的胳膊坐了下來，「是阿蓮命不好，就算你不要她，我們也不能說什麼。」流著眼淚，她對我講起了事情的原委。

原來，就在我出國八個多月時，阿蓮在一次上夜班的途中遭到了三個歹徒的強暴，第二個月後，她竟發現自己懷孕了！這對她不啻是重擊過後的第二重打擊，本來遭受污辱已經使她傷心難過得無法自拔，緊接著的懷孕使她更是痛苦絕望。她去醫院想打掉孩子，可萬萬沒有想到的是，醫院給她的結論是她因為先天性的原因根本不能夠做流產。而且，即使她生過孩子之後，她最好的辦法還是避孕；要生，也要等幾年之後，還不能完全排除危險。

阿蓮從醫院回來的當天準備在家割腕自殺，幸運的是，那天她的姐姐不知出於什麼樣的預感正好來看她，趕緊叫人送她進了醫院。

搶救過來的阿蓮情緒極不穩定，她不能聽見人說我的名字，一說就哭鬧著尋死覓活。直到懷孕七個多月後，她才漸漸平靜了下來，似乎認了天命，要做這個孩子的母親了。

阿蓮的姐姐講到這裡，我早已是淚流滿面、心如刀絞。

恍恍惚惚中，我才注意到了她家陽台上亂七八糟懸掛的各種各樣的尿布。

走進阿蓮的房間，進入我眼中的第一個「東西」就是那個孩子：一個兩個多月的女嬰，眼睛閉得緊緊的，正睡得香甜。

我盯著她看著，大腦一片混亂。

孩子的鼻樑很低，這和我們都不一樣。這突現的事實讓我不由得攥緊了拳頭，淚水再一次噴薄而出。就在這時，阿蓮進門了。

一見到我，她就定定地站在那裡看著我，眼睛裡滿是辛酸、愧疚、痛苦⋯⋯，近兩年的久別重逢，誰會想到出現的竟然會是這樣的情形。

我走上前去，滿身疲憊地想擁她入懷，可是她躲開了。她用探求的眼光望著我，我重新拉住她，把她的頭貼在我的胸口，我說：「是我的錯，我沒有保護好你。請求你跟我回去吧。」

我感到了她在抽泣，開始只是小聲地哭泣，漸漸地她的全身都在抖動不停。僵硬的兩肢胳膊也緩緩地圍到了我的腰上，終於，她的悲痛如同洪水決堤。她使勁抱住了我，把淚水盡情地灑在了我的胸口。孩子特殊的身世如我心中難以化解的寒冰，但我又不忍看她天真無邪的笑臉。

從德國回來後，我分到了兩室一廳的住房。一個月後，阿蓮重新跟我回到學校的新家。阿蓮帶著孩子的歸來讓我明顯感到了同事們疑惑、複雜的目光。我感到尷尬，儘量避開人多的場合，即使走在路上，我也總是低著個頭，怕撞見熟人。

孩子在一天天長大著，畢竟是自己的孩子，阿蓮所表現出的天然的母愛只能讓我感到慚愧。我不喜歡見到這個孩子，隨著時間的推移，我對她的厭惡越來越重。阿蓮給她起名叫點點，阿蓮讓孩子跟了她的姓。我能感到她的良苦用心。

轉眼孩子已經三歲了。平常，她叫我爸爸，但我答應得並不痛快。

她似乎也感到了我是一個不那麼愛她的人。她害怕我，漸漸地我發現她叫我時似乎總是膽怯兮兮的，能叫阿蓮做的事絕對不會來找我。我承認，點點一叫我爸爸，我的胃立刻就抽搐起來，類似痙攣，難受異常。

好在我的工作總是很忙，有無數的藉口可以泡在實驗室裡。

但是，奇怪的是，我的工作成績並不好，甚至還不如以前了。

這年十月的一天，阿蓮起床晚。她叫住我，想讓我去送點點上幼兒園，點點站在阿蓮的身後，小手抓著阿蓮的衣服，仰起臉企盼地看著我。

幾乎想都沒想，我就皺起了眉頭，那一剎那，我看見點點慌亂地低下了頭，淚水含在了眼眶裡。

阿蓮也注意到了點點的表情，她輕輕地嘆了口氣，把孩子抱在了懷裡，對我說：「我去吧，我去送她。」

說著，她打開了門鎖，走下了樓梯。我嘴張了兩下，什麼也說不出來。孩子趴在阿蓮的肩頭，把手指含在嘴裡，默默地看著我。

我機械地揚起了手，朝她揮了揮手。沒有想到的是，這一個小小的動作，竟讓她的臉突然煥發了熱情，她高興極了，衝我晃著小手，大聲地喊道：「再見，爸爸，再見。」

我的心猛地一動。那天我上班時耳朵裡一直響著的就是點點和我再見的聲音。

下午一下班，我便早早地來到了幼兒園。

點點的教室我並不知道，問了人才找到了三樓。我趴在窗戶上向裡張望，見點點正蹲在教室的一角認真地擺著積木。

老師見我面生，走出來問我是誰的家長。這時，點點聽見了我的聲音，她轉過了頭，似乎不敢相信似的看著我。

老師叫她的名字，她又高興又扭捏地走了過來，好像很不好意思。

那晚阿蓮回來時，表情是那麼驚喜。她問點點：「是爸爸接你回來的？」點點看著我，一臉興奮地點點頭。「爸爸好不好？」阿蓮問。「好。」點點響亮地回答。

我一言不發，內心裡我知道，我應該對點點好一點，她畢竟只是個孩子。

「孩子無罪」，我聽到了這震撼心靈的聲音，它超越一切狹隘的情感而來。

二○○三年夏天，阿蓮經醫院檢查後，醫生告訴她可以再次懷孕了，她把這個消息告訴我時，我感到特別高興。阿蓮為了讓點點有心理準備，問點點是否願意再要個小妹妹或者小弟弟，點點高興地說：「願意！願意！」

這時的點點，已經四歲了。雖然我對她的態度有所緩和，但她的身世始終是壓在我心頭的一塊大石頭。因為有我這樣一個嚴厲有加、溫和太少的「父親」，她一直很乖，也很懂事，但孩子的天性總是壓抑不住的。每當她做了什麼不好的事情時，我就發現我很難容忍，往往會暴跳如雷、不肯原諒她。等風暴過後，我會感到更加地痛苦，因為我知道，我傷害的不僅是孩子，還有阿蓮。

這時候，我在德國學習時的導師弗萊德教授來我們系裡講學，面對弗萊德，我覺得我有了傾訴的慾望。之所以想對他說，一是因為他來自異邦，而且很快就會離開，不會在同事間造成是非；二是因為他充滿愛心，絲毫沒有架子，在德國時給了我很大的關懷和幫助。

弗萊德靜靜地聽我講完了所有的過程，待我平靜一些後，他把椅子拉近我，握住我的手：「Mr‧高，我想給你講一個真實的故事。」

他講的是德國二戰以後的事情，一個納粹戰犯被處決了，他的妻子因為無法忍受眾人的羞辱，吊死在自家窗戶外面。第二天，鄰居們走了出來，一抬頭，就看見了那個可憐的女人。窗戶開著，她兩歲大的孩子正伸出手向懸掛在窗框上的母親爬著。眼看另一場悲劇就要發生了，人們屏住了呼吸。

這時，一個叫艾娜的女人不顧一切地向樓上衝去，把危在旦夕的孩子救了下來。她收養了這個孩子，而她的丈夫，是因為幫助猶太人被這個孩子的父親當街處決的。

街坊鄰居們沒有人理解她，甚至沒有人同意讓這個孩子留在他們的街區，他們讓她把孩子送到孤兒院去或者把孩子扔掉。

艾娜不肯，便有人整日整夜地向她家的窗戶扔穢物，辱罵她。她自己的孩子也對她不理解，他們動不動就離家出走，還夥同同伴向母親扔石頭。

可是，艾娜始終把那個孩子緊緊抱在懷裡，她說的最多的話就是：「你是多麼漂亮啊，你是個小天使。」

漸漸地，孩子長大了，鄰居們的行動已經不偏激了，但還是常有人叫他「小納粹」，同齡的孩子都不跟他玩。他變得性格古怪，常常以破壞他人財產為樂。直到有一天他打斷了一個孩子的肋骨，鄰居們瞞著艾娜把他送到了十幾里外的教養院。半個月後，幾乎都快發瘋的艾娜終於找回了孩子。當他們再一次出現在憤怒的鄰居們面前時，艾娜緊緊護著孩子，嘴裡喃喃自語：「孩子無罪。」

孩子就是在那時知道了自己的身世，他痛哭流涕、悔恨萬分。

艾娜告訴他，最好的補償就是真心地幫助大家。從此以後，他發奮圖強，樣樣事都做得很好。最主要的是，他變得無比地關心人。

到他中學畢業時，他收到了這一生最好的禮物：他的鄰居們每家都派了代表來觀看他的畢業典禮。

「那個孩子就是我，」弗萊德說，他的眼裡飽含著淚水，「孩子無罪。Mr.高，你不能讓這件事毀了孩子，那樣也毀了你自己的一生。」

弗萊德的手異常地溫暖，我簡直不敢相信我所聽到的！

「為了報答母親，在我成家後，我收養了一個殺人犯的女兒。艾娜知道後非常高興。她說，所有的生命都應該得到尊重。孩子無罪。」

我說不出話來。弗萊德不僅有這個女兒，還有兩個兒子。在我的印象中，他對女兒蓮娜的寵愛遠勝過兒子，而蓮娜似乎也比哥哥們對他更親近些。

「蓮娜知道她的身世嗎？」我問。

「知道，她的母親還在，因為愛滋病快要死了。我們常帶蓮娜去看她。」

我低下了頭，感到心中有了一層新鮮的壓迫。我不知道，在經歷過巨大痛苦的磨礪之後，人的感情竟能達到如此完美、如此感人的境界。

那個晚上，我對阿蓮說：「我們年紀已大，你身體又不好，生產時說不定還會有危險。我們還是不要孩子了吧。」

她看著我，滿臉的困惑。我說，我給你講一個故事吧……

為了讓點點有一個更好的成長環境，我們舉家來到了南方的一所高校。久違了的家庭溫馨再一次回來了，我的工作，也感到順利了很多。我想，我們一家會很幸福地一直生活下去。

人生感悟

一個人本來就不可能十全十美，今天你之所以會去喜歡一個人，一定是這個人的某一點個性吸引了你，才讓你傾心。如果你深愛一個人，那麼就寬容他的一切；反過來，如果你恆久地寬容一個人，那麼你一定非常地愛他。

寬容，它不但可以拓寬溝通的範圍，還能不斷地擴大自己的舒適區。

妻子的初戀情人

我叫卡拉加尼，在印度孟買一家頗有名氣的公司當軟件工程師。我很幸運，有一個漂亮的妻子塔娜和一個七歲的女兒潔麗雅。先說說我的妻子吧。她的性格里透著純真，經常面帶微笑，對我體貼入微。雖然她擁有計算機編程學學位，卻甘願放棄工作，一心打理這個家。她對我簡直比對上帝還尊重。每週，她至少去一次神廟，但是很少有我的陪伴。至於我的孩子，她簡直就是個淘氣鬼，每天總有問不完的問題。

事情發生在幾週前。那天我剛剛吃完午飯，正打算審查一個項目的各項指標，突然電話響起。

我：「你好，我是卡拉加尼。」

「你好，我叫薩拉維揚，是塔娜的朋友。我能和你單獨談幾分鐘嗎？」

我：「沒問題，你說吧。」

薩拉維揚：「先生，我想當面問你一個問題，你能在今天下午六點鐘去你家附近的蛋糕店嗎？」

我猶豫一下，說道：「好吧。」

他是誰呢？我在大腦裡把這個名字「谷歌」了一遍。哦，我好像從妻子口中聽說過這個名字。他好像是妻子大學時代的戀人，但這個傢伙在大學的最後一年失蹤了。妻子向來不會隱瞞什麼，從她童年一直到我們結婚的所有事情，包括她兒時的趣事、她的朋友、她在學校的綽號，妻子都統統告訴了我。但是此刻，為什麼這個人讓我去見他呢？

時間一分一秒過去了。「我應該赴約，還是置之不理？」況且我手頭還有一大堆活兒。喝咖啡的時候，電話又響了，這次是妻子。

塔娜：「老公，我媽媽來了，你能把女兒從學校接回家嗎？」

我：「好的，親愛的。你媽媽突然造訪，沒什麼特別的事吧？」

塔娜：「沒有，就是來看看。」

快下班的時候，我離開辦公室去學校接女兒。每次接她，我們總會去我家附近的蛋糕店，因為潔麗雅非常喜歡甜食。在店裡，潔麗雅對我說：「爸爸，今天我要一個大大的冰淇淋。」「沒問題，小寶貝。」我們正吃著冰淇淋的時候，那個傢伙出現了：消瘦的外表，死灰般的臉色，缺乏光澤的眼睛。

薩拉維揚：「你好，我是薩拉維揚，很高興你能來。」

我：「你好。」

薩拉維揚：「我猜你一定知道我，塔娜肯定告訴過你。她從不向所愛的人隱瞞什麼。」

我沉默不語。

薩拉維揚：「我知道你一定很奇怪我的目的。但這是我最後的一個願望。」

我：「最後一個願望？」

薩拉維揚：「甚至連塔娜都不知道我為什麼突然不辭而別。大學最後一年，我被診斷出了白血病，醫生束手無策。不幸的是（他乾笑了一聲），我苟活到現在。」

我沒做任何反應。

薩拉維揚：「我知道，如果我把這一切告訴塔娜，她絕不會拋棄我。她肯定會受傷。但是我想讓她快樂地生活。為了澈底從她的世界消失，我沒有告訴任何人我的行蹤。但是現在，我感到自己的末日即將來臨，先生，我想請你幫個忙。」

我：「好吧，請說。」

薩拉維揚：「我想最後見一次塔娜，但我不想讓她認出來，能遠遠地看著她就好。你能帶她去一次穆魯甘王神廟嗎？」

對於他的請求，我無法拒絕，唯一能說的就是「好的。」

我：「我不知道該說什麼，我真的為你感到遺憾。好的，我明天就帶妻子過去。」

薩拉維揚：「謝謝你，我會一直記住你的仁慈，一直到死。」

他長嘆一口氣，心滿意足地離開了。我轉頭看了看女兒，她正吃得很起勁。潔麗雅問道：「那個叔叔是誰呀？」「嗯……他是爸爸的朋友。」我們像平常一樣回了家。

第二天上班前，我對妻子說：「塔娜，我們今天去神廟吧。」驚訝之餘，妻子說：「我媽媽告訴我，如今軟件工程師壓力非常大，你應該多多休息。」

我沒想到妻子會這麼說，只好笑笑，說道：「好吧，那我可以先把潔麗雅接回家，然後六點左右出發。」

當我們到達神廟時，我發現那個人換上一套聖徒的衣服，沒人能認出他。像平常一樣，我尾隨妻子身後，聽她敘說神的故事。妻子說，她很高興我能主動陪她來這兒。過了一會，我已看不到薩拉維揚，確定他已經離開了。帶著深深的寬慰，我和妻子吃了頓飯，然後回家。

那天睡覺時，我有一種偉大的滿足感。不過到了半夜，陽台卻傳來嚶嚶的啜泣。生平第一次，我看到妻子獨自一人在那兒哭泣，黯然神傷。

我的眼淚情不自禁地流下來。是的，愛讓一個人刻骨銘心，她終究還是認出了他。

人生感悟

遠遠地凝視著，淡淡地幸福著，這種感覺溫暖得醉人，又輕柔得醉人！

愛一個人並不需要占有，愛一個人只要能看到她得到屬於自己的幸福已經足夠；放手並不代表不愛，放手正代表一種愛的昇華。

一生中應該被遺忘的幾種人

愛情可以永恆，也可以瞬間化為烏有，遺忘在風中，夜裡，牆角邊，鄉間的小路上。該遺忘的就儘量遺忘，下面幾種就是最該被遺忘的。

成為你心底的痛的人

當這個人成為你心底的痛的時候，你一定要學會把他遺忘。愛一個人並不痛苦，痛苦的是愛你的人給你帶來的傷痛。這種痛往往是刻骨銘心的，足以讓你痛上一輩子，所以你要選擇忘記他。

你愛他，他卻不愛你的人

為什麼他不愛我？為什麼他要選擇她？為什麼我那麼愛他，他卻從來不回應我的愛？沒必要再去追問為什麼，因為很多事情都不需要理由的，不愛你就是不愛你，不是你不夠好，不是你比不上她，也不是他感受不到你的愛，是因為他不愛你。還是忘了他，太多的為什麼只會讓你變成一個自怨自艾的女人。

曾經深愛你的人

他深愛你，可是你卻無法回應他。因此你對他有所愧疚，午夜夢醒時看到自己身邊躺著自己愛的人，想到自己的幸福，就更加覺得對不起他。他那麼好，待你那麼溫柔，比你愛的人更疼愛你，可是你就是不愛他，對他一點感覺都沒有。沒辦法，誰讓愛情本來就是沒有道理可言的。

你最恨的人

不要試著去恨一個人，那是對自己的折磨。我們實在沒有必要為了一個微不足道的人來折磨自己。你在恨的同時，也磨去了自己心中原有的善良和仁慈，你會覺得所有人都對不起你，你就會看不到很多美好的東西。用你的快樂去交換恨一個人的痛苦，不值得。

你背叛過的人

你會怕他！他曾經那麼信任你，可是你卻辜負他的信任。這樣的他必定是恨著你，更有可能在你不知道的地方詛咒你。也許忘記只是逃避，也許你終究要面對他，但能夠忘記也是一種幸福。

讓你恐懼過的人

你怕他，夜深人靜時，自己獨處時，在陌生環境時，你就會想到他。怕他會突然出現，怕他會傷害你。你想恨他，卻又不敢恨他。那就忘了他吧！無論他曾對你做過什麼，都已經是過去的事情，我們不應該向過去臣服。在成長的過程中，我們至少要學著往前看，不是嗎？

你想提出分手，卻被他搶先一步的人

遇到這種人，只有兩個字：鬱悶。本來可以很灑脫地和他說「拜拜」，可是他卻比你快了一步。即使事後補救，別人也會認為你只是在死撐。唉！這種丟臉的事情還是忘了吧！

你暗戀過的人

你在遠處看著他，你偷偷打探他的消息，你給予他關心，他卻毫不知情，最後你還要在原地祝福他和別人永遠幸福。用這種自虐的方式蹂躪自己的感情，這樣的感覺是人恐怕都不想再經歷一次。

為了某些原因，你不得不放棄的人

放棄的時候義無返顧，放棄過後有遺憾卻不後悔。哪怕再選擇一次，還是會放棄。我們即使充滿了無奈和抱歉，但已經無法回頭。因為我們早已決定了自己的方向，不會為了某個人改變自己的未來。所以我們只能對他說抱歉了。

你們明明相愛，卻不能廝守的人

我們相愛，這是毋庸質疑的。可是我們卻又有很多的理由不能在一起。比如我父母不喜歡你，而我是一個很孝順的人；比如我要對另外一個人負責，因為我是一個有擔當的人；比如你的個性並不適合我，將來終是要分手，倒不如現在好聚好散。太多太多的理由讓我們不能在一起，因此我們只能互相忘記。

人生感悟

有一種感情叫愛情，有一種感情叫憎恨，有一種感情叫厭惡，亦有一種感情叫傷害。忘卻掉一切刻骨銘心的傷痛，忘卻一切痛徹心扉的感情，那將是最大的一種幸福……。

愛過，痛過，擁有過，失去過，這便是生活！

把煩惱關在家門外

美國一個農場的主人，僱用了一個技工師傅來安裝農舍的水管。技工開工頭一天，先是因車的輪胎爆裂，耽誤了一個小時，再就是電鑽壞了，最後呢，連他開來的那輛載重一噸的老爺車也拋錨了。他收工後，無法回家。雇主只好開車把他送回家去。

到了家門前，技工邀請雇主進去坐坐。在門口，這位滿臉晦氣的技工沒有馬上進去。只見他閉目養神了一陣子，再伸出雙手，撫摸著門旁一棵小樹的枝。

待到門打開，技工一下子好像換了個面孔，笑逐顏開，和兩個孩子緊緊擁抱，再給迎上來的妻子一個深情的吻。在家裡，技工喜氣洋洋地招待這位雇主新朋友。

雇主離開時，技工陪他向車子走去。雇主按捺不住好奇心，問：「剛才你在門口做的動作，有什麼用意嗎？」技工爽快地回答：「有，這是我的『煩惱樹』。我到外頭工作，不順心的事總是有的。可是煩惱不能帶進門，這裡頭有太太和孩子嘛。我就把煩惱暫時掛在樹上，明天出門時再拿走。奇怪的是，第二天我到小樹前面時，『煩惱』大半都已不見了。」

家是人們的避風港，是一個可以讓身心極度放鬆的地方。在現代快節奏的生活中，巨大的生活壓力使得工作中的人們自覺不自覺地都帶上了一副假面具。為了工作常常委曲求全，低三下四，說言不由衷的話，做不願做的事，只有回到家裡才能感覺得到了暫時的解脫。因此，有意無意地會將一些家外的煩惱帶入家裡，使家成為了一個專門傾倒情緒垃圾的「垃圾場」。自己是解脫了，卻給家裡人帶來了煩惱與傷害。

曾經有人將家庭比喻成一個「感情銀行」，你如果把歡樂「存」進去，收穫的是帶利息的快樂；你如果把煩惱「存」進去，回報也自然是更多的煩惱。因此，別把煩惱帶回家，進家門時給父母、妻子、孩子一個舒展的笑容，家裡就會充滿歡樂、一團和氣。

別把煩惱帶回家，並不是非要向家人隱瞞我們的困境，而是要求我們在告訴他們時，以一種積極樂觀的姿態讓家人知道，雖然遭遇困難，但我們有足夠的勇氣去克服，這樣，就傳遞給家人一種積極的信息，而不是消極的恐慌。

別把煩惱帶回家，我們因煩惱而生氣的臉，儘管不是有意要擺給家人看，但它無形之中會傷害無辜。所以，把煩惱拋在腦後，給別人一張笑臉，無論是家人，還是朋友或者陌生人。因為微笑能遮蓋徹骨的傷痛，更能帶來和煦的春風。

別把煩惱帶回家，別把我們在外受到的不公化成怨氣，發洩在家人身上；別讓家人流出無辜的淚水，別讓家人蒙受太多的委屈，應把所有的歡樂，像禮物一樣打包帶回家，並一一贈給家人，這樣，我們的家庭才能溫馨和睦。

家，應該是最舒服、安全、穩定、快樂的地方。但是，這些內在境界絕不可能憑空就有，而是需要家裡每個成員一起努力共同經營才會形成的。

我們不妨學學這位技工師傅的方法，把煩惱放在家門外，不把它帶回家去。這樣一來，我們可以享受到幸福溫馨的家庭生活。

人生感悟

當我們回家，在開門之前，先過濾一下自己的思緒，讓快樂隨你進門，把那些煩惱就關在門外吧。家應該是最舒服、安全、穩定、快樂的地方。別忘了下次你回家的時候，不妨先對自己說：「進門時，先脫去煩惱。」更要記得，要把快樂帶回家。

別總記得那些傷心的事

諾貝爾和平獎獲得者、南非黑人領袖納爾遜．曼德拉，為了追求民族的平等，為黑人爭取應有的權利，被囚禁長達二十七年。在出獄的當天，他說了這麼一句名言：「當我走出囚室、邁向通往自由的監獄大門時，我已經清楚，自己若不能把悲痛與怨恨留在身後，那麼我其實仍在獄中。」

「留在身後」，就是放下。

人的一生遭遇不幸和痛苦是難免的。但很多人在事過境遷後，還將悲痛與怨恨重重地放在心中，以致不可自拔。但這樣的結果，就會像曼德拉所說的那樣，將自己的心變為一所監獄，自己將自己囚禁在其中！

也許我們曾經躊躇滿志，豪情萬丈，想大展宏圖，而生活的道路卻總是磕磕絆絆，崎嶇不平；也許我們樂於平凡，甘於淡泊，嚮往寧靜致遠，而生活的海洋卻總不時揚起風浪。於是，我們感到很苦、很累、很徬徨、很失意、很痛苦，而所有的這些煩惱，只緣於我們沒學會「忘記」，總是對那傷心的昨天唸唸不忘，對過去的不如意耿耿於懷，使得寶貴的今天痛苦滿溢，讓憂傷占據，並在渾然不覺中與今天失之交臂。

「人生不如意事十之八九」，這是我們在日常生活中遇到挫折時常發的感慨。的確，縱觀芸芸眾生，有誰能一生都活得春風得意，一帆風順，無波無瀾？沒有。在人的世界背後總有殘缺，命運就如一葉顛簸於海上的舟，時刻會遭受波濤無情的襲擊。「萬事如意」只不過是美好的祝福，在現實面前它顯得如此蒼白無力。

我們無法抗拒生命的流逝，就像我們無法抗拒每天太陽的東昇西落。因此，我們應學會忘記。不要總把命運加給我們的一點兒痛苦，在我們有限的生命裡拿來反覆咀嚼回味，那樣將得不償失，百害無一利。一味地緬懷和沉醉其中，只能使我們意志薄弱，長此以往，必然導致我們錯失時機以致一事無成，如此惡性循環，也必然使得我們的痛苦與日俱增。

不要輕易說「想要把你忘記真的好難」，不要固執地搖著頭說「痛苦的往事怎能說忘就忘」。只要退一步想一想，給人類帶來光明的太陽也有黑時，給我們以陰柔之美的月亮也有陰晴圓缺，我們就能漸漸忘記昨天生活給我們帶來的陰影，坦然地面對今天的太陽，微笑地迎接明天的生活。

台灣著名的證嚴法師有句名言：「前腳走，後腳放。」這說明了一個道理：人生苦短，還有很多更有意義的事情等著我們去做。假如拖泥帶水，不願意倒空自己，放下過去，我們就不可能創造人生最美好的價值。

人生感悟

時光的流逝永不停息，我們應該學會忘記過去的傷痛，因為還有許多美好的事在等著我們。我們的確應該記住某些事，但我們更應該學會忘記某些事，尤其是那些傷心的事。要知道，漫漫人生路，還有更大的成績等著我們去創造，還有更多的果實等著我們去擷拾。

第五章
化繁為簡

在當今金融風暴形勢下，「減法」早已上升為一種生活哲學。城市生活讓我們有了無止境的慾望，倒不如換一種思路，用「減法」來淨化生活。減法，只因想把生活變得更好、更簡單，把心靈淨化得更純潔。

生活做減法，幸福做加法

減法是一門孤獨的人生哲學。人都是有貪慾的，人們總是在積極地向外索取更多的東西，已經得到的尚且不滿足，試問又怎肯放棄自己已有的呢？

在亞洲，有一種捉猴子的陷阱。人們把椰子挖空，然後用繩子綁起來，接在樹上或固定在地上。椰子上留了一個小洞，洞裡放了一些食物，洞口大小恰好只能讓猴子空著爪子伸進去，而無法握著爪子伸出來。猴子聞香而來，將牠的爪子伸進去抓食物，果然，緊握的爪子便縮不出洞口，當獵人來時，猴子驚慌失控，更是逃不掉。

沒有任何人捉住猴子的爪子不放，牠是被自己的執著所俘虜。牠只需將爪子放開就能從獵人的陷阱中逃脫。

人亦如此，心中的貪念使我們放不下，內心的慾望與執著，使我們一直受縛，執著於名與利，執著於一份痛苦的愛，執著於幻美的夢，執著於空想的追求。數年光陰逝去，才嗟嘆人生的無為與空虛。我們總是固執得失去理性，由「我想做什麼」到「我一定要做到什麼」，理想與追求反而成為一種負擔。冥冥之中似乎有人舉著鞭子驅使著我們去追趕，到頭來，也不過空留「夸父追日」的落寞。

人生在世，有許多東西是需要不斷放棄的。在仕途中，放棄對權力的追逐，隨遇而安，得到的是寧靜與淡泊；在生意場中，放棄對金錢無止境的掠奪，得到的是安心和快樂。古人云：無慾則剛。這其實是一種境界，一種修養。

如果不是我們應該擁有的，我們就要學會選擇和放棄。放棄，對每一個人來說，都是一個痛苦的過程，因為放棄，意味著永遠不再擁有，但是，不會放棄，想擁有一切，最終你將一無所有，這是生命的無奈。幾十年的人生旅途中，會有山山水水，也會有風風雨雨，有所得也就必有所失。只有我們學會了放棄，我們才會擁有一份成熟，才會活得坦然、充實和輕鬆。

然而，城市生活叫我們無法止步，我們從一開始就活在加法的「比較級」中，有了「好」，必須「更好」，卻最終，看不到「最好」在哪裡。不如換一種思路，用「減法」來淨化生活。

減法生活是一種讓生活簡單化的狀態，是一種傾聽內心的聲音，忠實於真實想法的生活方式，是一種化繁為簡獲得幸福並懂得享受幸福的能力。我們減去的是不必要的煩惱、苦悶、慾望等一切有損於心靈的東西，得到的卻是靈魂的純淨與安寧，一份心靈的輕鬆與愜意，一份生活的從容與品質。

幸福與成功無法借由物質的豐裕與否來衡量。擁有更多的財物，可能會令人更加窒息，而非輕鬆自在。更大的房子、更好的車子，未必能帶來更多的幸福。對許多人來說，所擁有的東西到頭來反而控制了自己。想要擁有得愈多，自然得付出愈高的代價。

雜亂不僅表現在有形物品上，許多不確定的因素和新聞裡各種可怕的消息也對我們進行著疲勞轟炸。試回想，單單過去十年來我們曾遭警告的各種危機，比如SARS、肺鼠疫、狂牛症、禽流感……，這份清單可真是數不勝數，轟得人頭昏眼花。

如果你發現自己也被「東西」壓得喘不過氣，你有一個再清楚不過的選擇：此時此刻便決心不要再讓你的東西凌駕你的生活，把平衡與和諧重新帶回你的家庭與人際關係中。如果你突然間覺得不堪負荷，就要放下，學著割捨。

人生幾何，既短亦長。因其短，我們要學會減法生活，倍加珍惜，用心對待。因其長，我們要學會化繁為簡，減去不必要的負擔與慾望，輕裝上陣。唯其如此，才能擁有更加豐富、充實、有趣且令人滿足的生活。當然，化繁為簡做減法並不是懶惰地不思進取，而是主張剔除生活中可有可無的負累，不被名利所左右，不被物慾所驅逐，不讓生活終日忙忙碌碌，不讓健康跟不上我們的步伐。

人生感悟

不想做的事情拒絕了，不想交的朋友捨掉了，不想掙的錢不要了……，還原生活的本真，真實體驗生活中的自由、輕鬆和屬於生命自身的意義。有節奏地適當放慢腳步，給生活多做減法，生活才會從容，身心才會舒暢。

不要急，放慢生活的腳步

多年以前在我們那條街上曾經發生這樣一起令人唏噓的車禍，死於車禍的是一個初為人父的男子，據說是嬰兒的尿布在那個陰雨天都用完了，而昨天洗的尿布都在工廠的鍋爐房烘烤著，嬰兒的母親讓做父親的去工廠取那些尿布來救急。這件事情使兩個年輕的父母心急火燎的，那男子的自行車騎得飛快，結果被一輛卡車撞了。

後來事故現場的目擊者都說，他的自行車確實騎得太快了，他趕路太急了。

想起這個不幸的故事完全是緣於最近流行的一句話：不要太急哦。我第一次聽到這句話是在牌桌上，我打牌一直沒什麼風度，輸多了就很急躁，那位朋友相反，輸得越多人越輕鬆，而且妙語連珠，他從來不急，是真正那種牌風好的人。有一次他像是對自己也像是對我們說：「不要太急哦。」他的聲音使沸騰的牌桌突然安靜下來，然後我們聽見那位朋友說：「最近流行這句話，這句話真好。」

這確實是一句好話，是不多見的具有勸世意義的流行語。不知怎麼，又想起另一個好脾氣的朋友。有一次他的孩子發高燒，他的妻子急得手忙腳亂，光著腳抱起孩子就往醫院衝，而那位朋友一如既往地穿戴整齊才尾隨妻兒而去，事後他妻子指責他，他說：「再怎麼急也不至於光著腳出門呀。」他妻子便一時無言以對。

當凱和他四歲的兒子準備過馬路時，突然聽到汽車輪胎刺耳的嘶叫聲。一輛失去控制的轎車飛速向他們直衝過來，這時他們已來不及躲閃，所有這一切都發生在千分之一秒內。

轎車撞到了離他們只有幾步之隔的人行道上。那輛紅色轎車的影像永遠都不會從凱的記憶中抹去。其實當時凱並不確知那輛車距離他們有多近，在最後的一刻凱將身體背轉了過去，但那輛車真的就停在了他們跟前。人們都停下車來詢問他們的情況。

「車沒有撞到我們。」凱從巨大的驚嚇中醒過神來，連忙對周圍關注的人們說道，好像他們看不到凱與他的兒子毫髮無傷一樣。接著凱蹲下身，將兒子緊緊地擁抱在懷中。

「爸爸，那輛車剛才差點兒朝我們開過來。」兒子聲音清朗地說道，手裡仍然握住那隻上午在幼兒園用紙折成的小貓。他完全不瞭解一輛時速五十公里、重達一噸的汽車衝過來時，會對他這個三十五斤重的小男孩造成怎樣的傷害。他頭腦中那位突然開車轉彎的司機肯定也是在趕時間，才會冒險如此橫衝直撞。

而凱自己也並不是全無責任。由於每日忙碌的生活，他想節省下兩分鐘，就沒有多走半條街到十字路口去過斑馬線，而是想在中途橫穿馬路，結果卻險些葬送他與兒子兩條性命。

平日裡凱並不是輕易冒險的人。就在一週前，凱剛結束九天的旅行，從日本回來，飛越了二千五百公里。其間轉過六趟班機，經歷了六次飛機的起落，有十二次機會成為晚間新聞的頭條。

那次的旅行是哥哥送給凱的禮物，但由於那幾經周折的長途飛行的危險性，當時凱幾乎把機票寄回去。

此刻凱不禁在心中想著飛行二千五百多公里都安然無恙的他，卻差點死在離家只有兩條街的地方；想著兒子幼小的生命幾乎就此被奪走；想著他的老婆險些要同時面對兩個至愛親人的喪生，而這一切僅僅源於無謂的匆忙。

如今凱決定要放慢自己的腳步，想一想即將到來的春天、美麗的花朵以及純真的孩子——他們與未來的契約。

意外發生後週日，一句歌詞始終在凱的腦海中迴響：「教給我們發現自身的弱點，也許智慧便會從心底油然而生」。凱還想說：「讓我們放慢腳步，也許生活會從此順遂平安。」

著名「慢生活家」卡爾·霍諾認為慢生活不是支持懶惰，放慢速度不是拖延時間，而是讓人們在生活中找到平衡。當然，工作重要，但閒暇也不能丟。現在的節奏太快，所以才要學著放慢腳步，讓自己不至於太辛苦。這才能在工作和生活中找到平衡的支點。

放慢節奏，也許損失金錢，卻豐富了生命。太過實際的人，永遠只會被生活所累，卻看不見生活中最精彩動人的細節。慢下來，細想人生況味，咀嚼生活點滴，何其簡約和透澈！享受生活，未必一定要等你掙夠了一百萬。

人生感悟

人生需要減法，反覆對自己說：「生命不是一樁緊急事故。」約翰・列儂曾經說過：「生命就是我們忙著做其他計畫的時候，所發生的一切。」當我們忙著做「其他計畫」時，我們的孩子忙著長大，我們所愛的人在逐漸遠離、死去，我們的身體不知不覺地變形，我們的夢想也偷偷溜走。換句話說，我們錯過了人生。

生活其實可以很簡單

曾經看到有人這樣分析生活：

生活中有百分之五的精彩，百分之五的痛苦，而百分之九十都是平淡。我們常常為了百分之五的精彩，忍受著百分之五的痛苦，過著百分之九十的平淡生活。

我們總是不滿足現狀，沒有錢的想要有錢，有了錢的想要更多的錢；普通員工想升職漲薪，升職漲薪後就想自己當老闆；租房住的還在為買每一平方公分而奮鬥，買到房子的卻在憧憬著海邊的別墅……，我們都在想著存款裡的數字再多一點，業績的排名再靠前一點，職位再向上爬升一點……，我們總是不滿足現狀，總想變成什麼，總想擁有更多。

我們不甘落後與平庸，總在更新著理想，但是不斷更新的理想和來不及實現的現實間總有一段距離。距離讓我們恐慌，讓我們覺得落後，落後讓我們一刻也無法放鬆。我們的生活總在理想中的未來，並不是現在，所以只有奮力再奮力地奔跑、追趕。

為了享受人生的百分之五的精彩，不斷為人生做加法：加入智慧的光芒，加入品格的力量，加入財富的追求，加入親情的浸潤，使人生更加豐盈。然而，不斷加法的結果是，我們的心靈被「所得」堆得太滿，最終被這些「所得」拖累，而失去了真正寶貴的東西。

生活其實可以很簡單，現在越來越多的人倡導過簡約的生活，放棄為了高收入、為了事業疲於奔命的生活方式，選擇少賺錢、少消費，以換取更多的自由時間，去過一種比較輕鬆的生活。

簡約生活主張剔除生活中可有可無的累贅，不被物慾和貪慾所左右，還原生活的本質，體驗生活中的自由和屬於生命本身的意義。給生活做減法，不是降低生活的質量，而是更加充實我們的精神生活，享受「活著」的本質。

在「簡約生活」的觀念衝擊我們的思想之前，很多人過得是一種與「簡約」背道而馳的生活。衣櫃裡塞滿了衣服，卻總嚷嚷著沒有衣服穿，幾乎每一個週末都迷失在買衣購物中；經常拉著朋友逛街購物，購買的東西把家裡填塞得像個死路，幾乎沒有了伸展的空間；吃飯也是大魚大肉，夏天的夜晚大多在飯館中消磨度過……。

「減法人生」的觀念慢慢傳播開來，人們逐漸開始嘗試改變自己的生活，開始過一種簡約、質樸的生活，嘗試降低對物質的追求，增加對精神的索取，使心靈更加豐富和快樂。

要學會為自己的人生做減法，把生活中無用的贅飾都去除掉，減去日益膨脹的慾望，減去複雜的思想，減去生活中的贅物，使人生變得簡單而快樂。

人生感悟

為人生做減法是一種對自己的關愛，是為了對家庭對社會更好地承擔責任，是一種智慧的生活理念。多做減法會讓人生更幸福，心靈更純淨，能始終保持一顆平常心。

還自己一個簡約的生活

經常聽朋友們抱怨活得好累，身體上的累休息一下、睡個好覺可以很快恢復，然而心理上的累，卻會使人精疲力竭，不斷透支生命、透支健康：白髮過早地爬上雙鬢，臉上的皺紋日益加深，三十多歲的人卻有五十歲的身材、六十歲的心臟。問他們原因，無非是事業上的勾心鬥角，對名利的覬覦，對婚姻的不滿足。然而，有一天當他們發現，在勾心鬥角、忌妒、不滿足中，他們已經失去了健康、失去了青春，一定會後悔自己當初的選擇。

我們為什麼不試試做減法？卸下名利情愛的包袱，放下貪婪和慾望，還自己一個輕鬆悠閒的生活，給自己一份踏實和樸素的心態。

艾迪是一位已經很成功的商人，他想要更大地擴展商業版圖，把生意做到太平洋的西邊去。就在前往西岸的考察途中，他和他的同事突遇災禍，被困在太平洋中，毫無希望地在大海中漂流了二十一天，最後才獲救。

這一事件後，艾迪好像變了一個人，縮小了自己的貿易公司，開辦起了一家養老院，每天和老人在太陽底下喝咖啡、聊天，唱歌、下棋，笑聲不斷。

當有人問他為何這樣做時，他回答說：「從那次海上遇難的事件中，學到了最重要一課，就是：如果你有足夠的新鮮水可喝，有足夠的食物可吃，就絕不要再奢求任何事情。」

環顧四周，我們身邊的每個角落裡都躲藏著真實而美好的生活，只要用心去體會，就能感受到快樂，一味地追趕並不代表就能擁有一切，擁有一切也不代表就一定會幸福。

也許，幸福的生活正在後面奮力地追趕著我們，只要站住不動，它自然會與我們會合，可是我們越跑越快，不肯停下腳步，實際上這是在拚命逃離幸福！

我們很少想到自己已有的，卻常常看到自己沒有的，於是，沒有的就成了理想——我們的理想就是這樣被製造出來的。因為有理想，所以必須不斷追趕；因為有理想，所以對現在總是不滿；因為有理想，所以把現在過得很不理想，一直無法放鬆下來，直到在睡夢中還在不停地追趕。

生活原本很簡單，就讓我們做做人生的減法，讓生活變得輕鬆而簡約，還自己一個簡約的生活：

審視你的時間

你怎麼度過你的一天？從你早晨睜開雙眼的那一刻到你睡下，你的一天都做了哪些事情？列張清單，看清單上的這些是否與你終極的生活目標相一致。（什麼事情對你來說最重要，什麼讓你最為看重？你窮盡一生都想完成的四至五件事情又是什麼？）如果不一致，趕快停止做這些雜事。重新設計你一天的時光，把注意力集中在你終極的生活目標上。

減少你的工作任務

我們的工作日總是被無窮無盡的任務所填滿。但如果你將所有任務都從你的日程裡刪去，你終將一無所獲，連對你重要的事情也無法達成。正確的做法是：把精力集中在關鍵的重要的事情上，其他的捨去不做。

減少你的家務

細心地梳理出你需要在家中處理的每一件事，看是不是也和工作任務一樣無窮無盡。對於過多的「家庭作業」，我們同樣感到無能為力。專注於最重要的事情，嘗試減少繁冗的工作。（可以通過使用自動設備、刪減任務、委託幫助，以及僱傭服務等方式實現。）

清理雜物、收拾房間

如果你花上一個週末的時間用來清理雜物，感覺一定會很棒。把不再需要的東西打包起來捐給別人或者扔掉。

每次收拾一間屋，收拾完後再環顧四周看看房間內是不是還有不需要的東西可以扔掉。

控制你的購買慾

你大可避免淪落為一個物質主義者和消費主義者。如果你能擺脫物質主義者的消費習慣，你會很少對某些東西感到狂熱。花更少的錢，買更少的東西。

花時間和自己愛的人相處

你最重要的四件至五件事可能就包含和你愛的人在一起（如果沒有這條，你可要重新思考對你最重要的四件至五件事情了），這些人可能是你的伴侶、你的孩子、你的父母、你的家庭或是你的好朋友。花時間和他們一同做一件事，或是向他們敞開心扉。

尋找內心的簡約世界

我雖不大信奉神靈，但我覺得花一些時間去發現內心的簡約世界遠比讓自己置身於嘈雜的環境中感覺要好。花一些時間去祈禱，記日記，去瞭解你自己，或置身於自然之中。總之，花一些時間去發現內心的自己。

知足常樂

物慾社會使我們的慾望越來越多：你可以拿到最新流行的各種小玩意，各色衣服，各式鞋子……，但這什麼時候是個盡頭呢？誰都不知道，於是大家又開始反覆地買入。知足常樂可以使你擺脫慾望的怪圈，只買自己需要的。

也許，我們沒有遇到一些事，沒有觸摸到生命的本質，如果有一天，當生命最真實的狀態展現在我們面前時，可能會得到新的領悟。

人生感悟

簡約的生活，對我們每個人都有不同的意義和價值。一般來說，簡單的生活意味著去粗取菁，避開紛爭去追求內心的平和，以及把時間花在真正對自己重要的事情上。

這就意味著擺脫糾纏不清的種種，把這些時間用來陪伴自己心愛的人和做自己喜歡做的事情上，你的生活將由此變得更有價值。

你有手機綜合症嗎？

「出門啥都可以不帶，一定得帶手機。」韓曉是個職業律師，因為工作的關係，幾年下來後，韓曉發現自己對手機的依賴有些過分了。「總怕自己會錯過客戶的電話而誤了什麼大事，老感覺自己手機在響，時不時拿出來看，結果都沒響。真響的時候倒不一定能聽到。」

有一次，韓曉週末出門，走得匆忙，竟然忘了帶手機，結果他一整天都惶惶然，就怕錯過什麼。但是回家之後發現，什麼事也沒有發生。韓曉的手機是二十四小時開機，晚上也不關機，就擔心萬一有個急事什麼的。但其實幾年下來，除了騷擾短信和電話，並沒有什麼重要的客戶電話會在半夜打來。

一份全球調查發現，如果沒有手機，多數人無法生活；出門不能不帶手機；如果在手機和錢包之間一定要做個選擇，他們選的也是手機。

市場調查公司思緯（Synovate）進行的民調顯示，手機已成為人們生活的遙控器。手機無處不在，到二〇〇八年年底，有手機的人已經超過沒有手機者。

據報導，此次民調對十一個國家及地區的受訪者進行了網上調查，其中有四分之三的人表示他們到哪兒都會帶手機，其中尤以俄羅斯人和新加坡人為甚。

超過三分之一的受訪者表示，沒了手機就無法生活，這以台灣人和新加坡人為代表。而有四分之一的受訪者認為手機比錢包更重要。

大約有三分之二的受訪者睡覺時會把手機放在附近，且不關機，因為他們擔心自己會錯過某個電話。

從事媒體推廣業的徐女士這樣說道，她的手機一直是二十四小時開機，以前由於工作的關係，與客戶聯繫比較頻繁，每天都要接打很多電話，當時的感覺是「手機一響就緊張」，但現在工作調動了，與客戶聯繫少了，反而覺得渾身不自在。每次外出時走在大街上，周圍一有手機響她就趕緊看是不是自己的，甚至有時候聽到手機鈴聲不是自己的，也還是會下意識地拿出手機來看一下。連休日休息在家，她也不敢關手機，手機不響，她就感到一種莫名的空虛，有時手機一天沒有動靜，她甚至懷疑手機是不是出了故障，會不會因此而誤事。

手機綜合症在當今職場中極為普遍，但從比例上說，依然是女性占多數，因為女性更容易感覺孤獨，對工作更容易產生恐懼感，從而對手機更容易產生依賴。

手機綜合症並不能說成是一個人的心理問題，而應該是整個社會的問題。因為並不是我們自己需要手機，而是因為工作需要導致我們離不開手機，慢慢地就形成了對手機的依賴，沒有手機就彷彿與世隔絕了一樣。

在國外，手機是屬於隱私，工作上的事都是打單位的電話，但是在國內，常把個人休息時間和工作時間混在一起，使得人無時無刻不處在工作狀態中。

就個人方面來說，對手機過度依賴者，其實是迷失了自我。不知道自己真正需要的是什麼，不知道自己在為什麼忙碌，不知自己是誰，不能對自己充滿信心，所以需要通過手機來確認自己的工作，需要通過手機來確認別人需要你。

那麼，如何才能鑑定自己是否患上了手機依賴征？有沒有一種比較權威的測量方法？

郭慧榮（中國鄭州大學一附院精神醫學科國家級心理治療師）為大家提供了一個小方法：如果關機二十四小時就感到焦慮甚至恐懼，就說明存在依賴手機的情況，這等於發出了一個信號，借此提醒人們反省一下，是不是在現實人際交往中出了問題，畢竟，如果能夠在面對面交流中獲得足夠的安全感，很少有人會過度依賴手機。

同時，應適當調整自己的生活方式，拓寬與外界交流的途徑，並有意識地減少對手機的使用，如果靠自身能力無法完全擺脫，可向心理醫生尋求幫助。

人生感悟

對手機依賴過重的手機族，應該多與人面對面交流，逐漸減少手機不必要使用的次數，儘量將生活重心從手機上轉移出來。如果對手機依賴過於嚴重，就要去看心理醫生，以免影響正常的工作生活。

減去生活的「贅肉」

當紛繁複雜的事情將人的生活占據的時候，人就失去了自我，成為了生活的奴隸。於是這個時候，一種名為「減法生活」的生活態度，在都市職場人之中悄悄流行起來。

「當靜坐在電視機前一個頻道接一個頻道進行轉換的時候，依稀回憶起童年週末的下午，靜坐在電視機前幸福地等待《黑貓警長》上演的時光。而現在的生活就如同電視頻道一樣，太多的選項反而讓人找不到幸福究竟在哪裡。」劉暢在自己的部落格中如是寫道。

劉暢是一家知名廣告公司的創意經理，而她自己則一再強調這只是她的社會職位。相比之下，她更願意將自己定義為一個白天匆匆忙忙、夜裡獨自幽怨的孤獨女子。白天，總是有忙不完的業務和方案，這讓她每次即使回到家中還是感覺精疲力竭。然而在不久前，這一切都煙消雲散了。

當我們再次見到劉暢時，她再無半點原先的頹廢模樣。反而是元氣十足、精神飽滿，讓人無法將她與之前的那個形象聯繫起來。再三追問之後，劉暢愉快地道出了這樣一個詞：減法生活。

減法生活，顧名思義就是將不需要的麻煩從生活中減去。它是一種讓生活儘量簡單化的狀態；是一種傾聽內心的聲音，忠實於真實想法的生活方式；是一種化繁為簡獲得幸福並懂得享受幸福的能力。

而劉暢所信奉的正是如此。原本就疲於在各種應酬中奔波的她，開始注重起自己的生活質量，她把每週末不必要的應酬推掉，決定給自己一個真正的休息日。

劉暢說：「一直以來，我的工作都是沒有空閒的。休息日要工作，週末也沒有閒暇時間。我生活中的一切彷彿都只有兩個字：工作。但是自從領悟『減法生活』的真諦之後，我把一些不必要的應酬推掉了，週日的時間雷打不動地做自己想做的事情：可以看看書，可以去逛街，當然也可以見見朋友，但是絕對不談工作。」

從劉暢紅潤的臉頰上就能看出，她的「減法法則」讓她的生活有了更多的快樂。

利奧．羅斯頓曾是美國最胖的好萊塢影星，他腰圍六點二英呎，體重三百八十五磅。一九三六年在英國演出時，他因心肌衰竭被送進湯普森急救中心。

搶救人員用了最好的藥、用了最先進設備，仍然沒能挽回他的生命。臨終前，羅斯頓曾絕望地喃喃自語：你的身軀很龐大，但你的生命需要的僅僅是一顆心臟。

羅斯頓這句話，深深地觸動了在場的哈登院長，作為胸外科專家，他流了淚。為了表達對羅斯頓的敬意，同時也為了提醒體重超常的人，哈登院長讓人把羅斯頓的遺言刻在了醫院的大樓上。

美國的石油大亨默爾在一次工作奔波途中突然發病，住進英國湯普森急救中心搶救。這位病人在這家醫院包了一層樓，架設了五部電話和兩部傳真機。當時的《泰晤士報》是這樣渲染的：湯普森成了臨時的美國石油中心。默爾患的是心臟病，經手術後一個多月便出院了。

默爾沒有回美國，而是去了蘇格蘭鄉下他十年前買的別墅，並賣掉了自己的公司。在他一本傳記中解釋了原因：富裕和肥胖沒什麼兩樣，也不過是獲得超過自己需要的東西罷了。是的，對於健康的生命而言，任何多餘的東西都是負擔。

在人生奮鬥中，只有學會放棄一些東西，才能有所進步。人生大體就是如此，要學會珍藏一些東西：童年時的蝴蝶結、朋友送的禮物、與戀人美好的回憶等；更要像很多偉人一樣，學會減少些東西。

生活比你想像的要容易得多，你只需學會接受那些不可接受的，放棄那些不可缺少的，容忍那不可容忍的。

人生感悟

身材走形、贅肉堆積，這與個人的不當飲食和生活習慣密切相關。良好地減去贅肉的方法包括，長時間、低強度的有氧運動，像游泳、快走、慢跑、瑜伽等。

不要樣樣都過於追求完美，不要給自己太大的心理壓力，注意勞逸結合，營養均衡，提高工作效率，儘量避免熬夜、加班等。

盧爾沙西的減法：「X－5≧X」

問個有意思的問題：你與比爾．蓋茨之間相隔幾個人？換一個問法，你通過幾個人可以認識比爾．蓋茨？如果說是六個人，你可能會不相信。哈佛大學心理學教授StanleyMilgram一九六七年提出「六度分隔」理論──「你和任何一個陌生人之間所間隔的人不會超過六個，也就是說，最多通過六個人你就能夠認識任何一個陌生人。」你也許不認識比爾．蓋茨，但是你只需要通過六個人就可以結識他。換句話說，你贏得了一個顧客就相當於贏得了六個顧客，你得罪了一個人就相當於得罪了六個人。

二十世紀七〇年代的泰國曼谷，有一位名叫盧爾沙西的年輕人租了兩間店面經營起了他的茶樓生意，茶樓不大，兩間店面共一百二十平方公分，放了三十來張茶桌。

他把茶樓裝修得十分高雅，各類衛生工作也都做得非常到位。至於茶師，更是不一般，都是一些擁有非凡實力的高級茶師。但是令人想不到的是他的茶樓生意並不好。

「老闆，這家茶樓已經成為了您的累贅，您把它轉讓出去另謀出路吧！」他的員工很善意地提議。

「不！我一定能有辦法讓茶樓起死回生！」盧爾沙西堅定地說。從那以後，他便開始留意進店來的每一位顧客，希望能從顧客們身上得到一些改變茶樓命運的啟示。

有一次，一位顧客坐在位置上邊等人邊喝茶，似乎是無聊至極。盧爾沙西走過去問他說：「我能幫助您什麼嗎？」

「我想我需要一份報紙！」顧客想了一下說，「否則，我可能要離開了！」

「真對不起，我這裡沒有訂閱什麼報紙，不過，我上週買來的一份舊報紙，您要看嗎？」

盧爾沙西有點不好意思地說。

「行！行！」那位顧客開心地回答。當他從盧爾沙西手中接過那份舊報紙後，立刻如獲至寶般地坐在位置上看起來，直到他的朋友出現。其間他再也沒有表現出無聊的神情，更加沒有再提想要離開。

一份舊報紙留住了一位顧客，從而也間接地留住了他和他的朋友共兩位顧客，或者說，一份舊報紙為茶樓創造了一個不可估量的消費團隊——那兩位顧客身後都會有一個潛在消費群體！事實證明盧爾沙西的猜想沒有錯，第二天，這位要求看報紙的顧客便帶了六個人過來喝茶！

這件事情給了盧爾沙西一個很大的觸動，他開始在腦中設想開來：如果我每天都有更多信息更全面的報紙雜誌準備著，那會不會就能留住更多的老顧客甚至創造更多的新顧客呢？這個想法一出現，他立刻決定在靠近茶樓進口附近抽掉五張桌子，然後用這五張桌子的位置辦一個小小的閱覽室！

「從正常的數學邏輯來說X-5≦X，但是從經營學問上來說X-5應該會≧X！」盧爾沙西堅定地認為。

終於，奇蹟出現了！幾乎所有來光顧的客人都被這間閱覽室所吸引，等人的顧客再也不用為乾巴巴的等待而覺得無聊，單人顧客也不用再因孤單而覺得沒趣，人數多的顧客更好，可以邊喝茶邊與同伴討論報紙上的某些信息。

漸漸地，盧爾沙西的茶樓裡有閱覽室這個消息傳了出去，來他的茶樓消費的顧客也逐日增多。

就這樣，到一九八七年，盧爾沙西有了更大的經營目標，將茶樓高價轉讓出去之後，他在曼谷開設了泰國第一家肯德基快餐店。考慮到肯德基為大多數兒童所喜歡的特點，盧爾沙西同樣採用了「X-5≧X」的經營策略，抽掉了五張餐桌，而利用這五張餐桌的位置備置了一架滑滑梯和一架蹦蹦床，辦起了一個小小的「兒童遊樂場」。讓人幾乎難以置信的是，就因為抽掉五張桌子辦一個兒童遊樂場的方案，讓他創下了亞太地區所有肯德基的月營業額新高。

人生感悟

人生就像學算術，加法過後是減法。人生也需要做一些減法，減去心靈上的沉重負擔，減去一些奢侈的慾望，減去沒有價值的身外之物——熱鬧的生命裡有許多不堪承受的東西，需要減法。所以人生做好減法，是很複雜高深的生存技巧和學問。

人生如釀酒，「減」去無味的水

劉旭波（一家大型批發市場的「掌門人」），一個大氣、爽朗而又頗具感性的女人，像一杯陳釀的葡萄酒，歷經歲月滄桑、人情冷暖後，愈髮香醇。

劉旭波小的時候就待在爺爺奶奶身邊。爺爺會自己釀酒，曾經挑著擔子翻山越嶺給別人送酒。劉旭波從小就在酒香中浸染，學會了釀酒。現在，每到十月，她都要買回許多葡萄，親手在家中釀酒。她釀的酒不加一滴水，不加一滴酒精，待到來年二、三月，散發著撲鼻香的葡萄酒總是被朋友們一搶而空。

釀酒如做人。釀酒的經歷讓劉旭波懂得，好酒要經過時間的沉澱，做人亦如此。其實，人生如釀酒，「減」去無味的水，量雖少了，味反而醇厚了。過去在鄉下，鋤地時老爸會這樣告誡他的孩子，想得大果實、好果實，必須要用「減」法，即玉米苗一尺寬留一棵，其餘的鋤掉，一壟下來幾十棵嫩生生的苗被「斬殺」。

著名科普作家高士其原名叫高仕錡，後改成了高士其。有些朋友不解其意，他解釋說：去掉「人」旁不做官，去掉「金」旁不要錢。高士其以驚人的毅力創作了五十年，寫出了五百萬字的科普作品。

他們的「減法」人生哲學值得我們去思考和學習、借鑑。

生活其實是一種捨棄的藝術。捨棄換來的是心智的澄澈，心靈的淨化，人格的高尚。史鐵生「在最狂妄的年齡忽然失去了雙腿」，他明白，既然災難無可逃避，那就學會捨棄，選擇承擔。他捨棄了不再屬於他的世界，選擇了文學創作，同樣鑄造了人生的精彩。古人尚且都能「守拙歸園田」，我們何不捨棄世俗的慾望，手捧《歸去來兮辭》，伴隨著朗朗明月，悠悠清風，讓自己的心沉澱、沉澱，在現代都市的躁動之中收穫內心的寧靜和恬淡。

人生感悟

生活中的減法還有很多，讓我們學會生活中智慧的一減，提升生活的品位，提高生活的質量，領略生活的無限精彩；讓我們學會生活中瀟灑的一減，和諧世界就不再是水中之月，鏡中之花。

人生減法是另一種形態的加法

每個人的一生都在馬不停蹄地做著加法與減法，嘗試擁有，嘗試放棄。年少時的我們面對那一道道的數學計算，心中所想的恐怕只有數字的機械增減。然而，當我們走出課堂，來到這大千世界之後，確定的數學法則還有效嗎？二減一真的等於一嗎？

人生的減法其實是另一種形態的加法。人生的天秤需要我們去認真平衡，減法與加法只是這其中兩種普通的手段。勇於拿走不屬於自己的砝碼，你會收穫另一片天地！

南丁格爾，一個平凡的女人，面對血雨腥風的戰場，面對惡劣的生存環境，堅守在救死扶傷的第一線。她如天使一般溫暖了戰士們的心靈，用智慧與汗水癒合了他們的傷口，使軍隊的傷亡率從百分之六十降到百分之零點三。櫛風沐雨，歲月剝蝕了她美麗的容顏，但英國人民永遠都不會忘記她那瘦弱的身影。「英國歷史上最偉大的女人」的殊榮，她受之無愧！

十多年的寒窗苦讀，十多載的風雨征程，身為一個知名大學研究生的他，本可以找到一份體面舒適的工作。然而，他卻毅然選擇做一名鄉村教師。面對那一雙雙渴求知識的眼睛，他肩負起無數孩子的明天。徐本禹，雖然失去了舒適的工作環境與豐厚的薪金回報，但他卻收穫了全中國的讚譽。感動中國，非他莫屬！

回顧歷史長河中那些為理想與信念失去或放棄身外之物的人，他們或許不曾懂得生命的珍貴，或許不曾珍惜豐富的物質環境。但是，正是由於懂得生命中的失去與擁有，在生活加減法的哲學理念了然於胸之後，他們才終成一代偉業，於蔚藍的天幕中熠熠生輝。

很多人以為只有加法才能實現自己的夢想，殊不知只要減法運用得當，減法照樣可以實現自己的夢想。

美國有一座美輪美奐的水晶大教堂，是一筆一筆的五十美元捐款壘起來的。

一九六八年的春天，羅伯·舒樂博士立志在加州用玻璃建造一座水晶大教堂，他向著名的設計師菲力普·強生表達了自己的構想：

「我要的不是一座普通的教堂，我要在人間建造一座伊甸園。」

設計師強生問他預算，舒樂博士堅定而明快地說：「我現在一分錢也沒有，所以一百萬美元與四百萬美元的預算對我來說沒有區別。重要的是，這座教堂本身要具有足夠的魅力來吸引捐款。」

教堂最終的預算為七百萬美元，七百萬美元對當時的舒樂博士來說，不僅超出了能力範圍，甚至超出了理解範圍。

當晚，舒樂博士拿出一頁白紙，在最上面寫上「七百萬美元」，然後又寫下了十行字：

一、尋找一筆七百萬美元的捐款

二、尋找七筆一百萬美元的捐款
三、尋找十四筆五十萬美元的捐款
四、尋找二十八筆二十五萬美元的捐款
五、尋找十筆七十萬美元的捐款
六、尋找一百筆七萬美元的捐款
七、尋找一四十筆 萬美元的捐款
八、尋找二百八十筆二萬五千美元的捐款
九、尋找七百筆一萬美元的捐款
十、賣掉一萬扇窗，每扇七百美元

六十天後，舒樂博士用水晶大教堂奇特而美麗的模型打動富翁約翰·克林捐出了第一筆一百萬美元。

第六十五天，一位傾聽了舒樂博士演講的農民夫婦，捐出一千美元。

九十天時，一位被舒樂博士孜孜以求精神所感動的陌生人，在生日當天寄給舒樂博士一張一百萬美元的銀行支票。

八個月後，一名捐款者對舒樂博士說：「如果你的誠意與努力能夠籌到六百萬美元，剩下的一百萬由我來支付。」

第二年，舒樂博士以每扇七百美元的價格請求美國人認購水晶大教堂的窗戶，付款的辦法為每月五十美元，十四個月分期付清。六個月內，一萬多扇窗全部售出……。

一九八〇年九月，歷時十二年，可容納一萬多人的水晶大教堂竣工，成為世界建築史上的奇蹟與經典，也成為世界各地前往加州的人必去瞻仰的勝地。

水晶大教堂最終的造價為二千萬美元，全部都是舒樂博士一點一滴籌集而來的。

不是每一個人都要建築一座水晶大教堂，但是每個人都可以設計自己的夢想，每個人都可以攤開一張白紙，敞開心扉，寫下十個甚至一百個實現夢想的途徑。

這不僅是一曲夢想之歌，一曲虔誠精神的頌歌，也是一曲非凡毅力的頌歌。

無論是多麼複雜艱巨的加法或減法工程，都可以分解為不同層次的簡單動作。愚公把兩座大山的搬運工程首先分解為幾代人甚至幾十代人的終身事業，然後分解為一年一次往返於從太行山、王屋山到渤海邊的搬運工程，再分解為每天舉鎬挖土或挑擔子走路的簡單動作，只要這些動作持之以恆，兩座大山肯定會「走」進渤海。因為高山有限，子孫無窮。

羅伯·舒樂先生經過十次分解，把水晶大教堂的七百萬美元的籌建經費分解為對每扇七百美元的一萬扇教堂窗戶的營銷，在實際操作過程中，他又進行了十四次分解，將其分解為更為簡單的動作：每扇窗戶七百美元，十四個月內付清，每月付五十美元。從七百萬美元，到每人每月付五十美元，這樣，一個看上去幾乎是無法著手的募款任務，就變成了一個反覆重複的簡單動作。結果，他超額兩倍完成了籌款工作。

分解動作，不僅是為了簡化工程，也是為了緩解心理壓力。

人生感悟

英國詩人雪萊說：「如果冬天來了，春天還會遠嗎？」自然萬物，風雲變幻，季節在嚴冬的肅殺中失去了往日的生機與美麗，上帝用減法奪去了冬天的綠色，但卻用加法給初春的外衣增添了一抹淺綠，而冬天也獲得了屬於自己的潔白與晶瑩。

簡單工作，隨性生活

加法的生活，傾向於向慾望敞開心扉，放縱自己的想像，用自己的全部心力追逐慾望，嚮往奢華的生活；減法的生活，指向生活的本質，揚棄塵埃，尋找內心最強勁有力的衝動，追逐簡樸（簡樸而不是簡陋）的生活。

里奧．芭伯塔，曾經也是一個超級的美式工作狂。幾年以後，他卻搬到離美國本土非常遙遠的島嶼上，過起了隱居式的生活，天天經營自己的部落格「禪習慣」。他一下子就躍居全球熱門部落格前五十名，超過二萬訂戶，平均每月點閱率超過一百三十萬次。

其實，芭伯塔的觀點一點也不複雜，就是希望大家過上簡單而又快樂的生活。要做到這一點，最關鍵的是挑出對自己最有意義的事情，同時減少平常的工作。堅持下去，你會發現能夠完成很多一直想做但又沒有時間去做的事。

鮑維爾自小就十分喜歡攝影，大學畢業後，他對攝影到了痴迷的程度，無心去掙錢工作。從此鮑維爾過著簡單的生活，從不理會自己的生活是富有還是貧窮，只要能夠攝影也就夠了。他穿著破褲子，吃著最簡單的三明治。在別人眼裡，他是困苦貧窮的象徵。而鮑維爾自己卻過得異常快樂。

在他二十七歲時，他的人物攝影技術開始登峰造極，成為世界公認的人物攝影大師，並為英國首相拍攝人物照，從此一發而不可收，至今已為全世界一百多位總統、首相拍過人物攝影。請他攝影的世界名流更是數不勝數，排隊等候一兩年是常事。

梭羅（美國著名作家，《瓦爾登湖》的作者）曾拿著一把借來的斧子，來到瓦爾登湖畔，為自己的離群索居築一小巢。「一個人造他自己的房屋，跟一頭飛鳥造巢是同樣合情合理的。」他寫道，「誰知道呢，如果世人都自己親手造他們自己住的房子，又簡單地老實地用食物養活了自己和一家人，那麼詩的才能一定會在全球發揚光大，就像那些飛禽，它們在這樣做的時候，歌聲唱遍了全球。」

梭羅把生活簡化到最低點，如近乎原始居民的方式。不僅以二十八元一角二分之幣值造了自己的家，而且用二角七分來維持一週的生活。一年僅用六個星期去謀生，剩下的時間全留給自己。

他的朋友愛默生這樣說他：「很少有人像他這樣，生平放棄這樣多的東西。他沒有學習任何職業；他沒有結過婚；他獨自一人居住；他從來不去教堂；他從來不參加選舉；他拒絕向政府納稅；他不吃肉，不喝酒，從來沒吸過煙；他雖然是個自然學家，卻從來不使用捕機或是槍，而寧願做思想上與肉體上的獨身漢……。」

人的欲求，常常需要在與另一人的社會交換中得到滿足。為了最終被扔掉的易開罐，為了一件件地買進並非必需的衣服，我們終日勞作，把自己的每分每秒都標價出售。

這時，如果有一個人，他寧願滿足於最低限度的溫飽，甚至不惜適度地忍饑挨餓，而拒絕將自己的生命切割下一大塊，以換取能夠滿足種種物慾的金錢，那麼比起他來，我們到底是富有，還是貧困？作為人，當我們不是欲求的奴隸時，才可能看護好生命。

我想起了那漁夫，他僅為充飢而垂釣，因而把生活留給了自己。一個最明智的人，甚至生活得比窮人還要簡單，因為貧窮常常是智慧的土壤，它能助人洞悉生活的單純。

「凡屬貧者，安其貧於至樂。」

我們也許改變不了世界，但至少可以從自己身上解除一重枷鎖。

人生感悟

對多數人而言，扣除花在睡眠、準備飯菜與進食、交通、工具，以及處理雜務上的時間，每天其實就僅有那麼幾個小時的自由時間。請多加保護自己的時間，這是你最珍貴的資產，請務必以生命捍衛它。沒錯，生命的目標不是提高效率，然後省下時間去做更多的事；相反的，提高工作效率是為了更完滿地享受生活。

人生的減法哲學

人類的煩惱根源，不是做人，而是「我想變成什麼樣的人」。

自從會說話開始，便有大人問：「你長大後希望做什麼啊？」

從那一刻起，小孩子便以為人必須要成為另一種東西。

再加上自小學起，作文題目必定有：「我的志願」——我要做醫生，我要做律師，我要做教授，我要做總統……。

一出生的訓練，並非自自然然地做個人，而是做另一種有著某個目標的生物。

踏進社會後，人與人之間的比較更多了，成為醫生的，想做最好的醫生；成為商人的，要賺比別人更多的錢；連本來養性怡情做學問的，都心裡緊張焦躁「為什麼某某某比我出名？」「為什麼某某某的書銷量比我好？」……

人到底還想變成什麼呢？

小草只做小草，樹木只做樹木，鳥兒只做鳥兒，所有的生物都在做自己，只有人類不做自己。

想成為什麼而不能如願，便煩惱失望。

原始人大概不會失眠，思想原始嘛！豬也不會憂心，更不會想及好壞，天天問自己：「我是隻好豬還是壞豬？」

人類怎麼看豬，老虎怎麼看豬，豬才不理呢！動物吃飽了肚子便悠然自得，想睡便睡去。

在生活中，真正的快樂和地位是沒有關係的。追逐名利、陷身於繁雜的事務當中，即使地位顯赫，也很難得到真正的快樂。

享受自己的生活，不要與別人攀比，真正領悟和學會了這一點，生活中會減少許多無謂的煩惱。

如果問一位年輕小夥子，希望自己的女朋友是什麼樣，他肯定會說美麗、大方、有高挑的身段、雙眼皮大眼睛；若問一位負重而行的中年人，最希望自己妻子如何，他肯定底氣十足地說：勤快、善良；如果問一位耄耋老人，最希望自己妻子什麼樣，他會不緊不慢地說：健健康康活著就好。不要把人生的目標定得太高，比起健康快樂地活著，一切都顯得微不足道。

不難發現，對自己所愛的人隨著年歲的增加，希望是越來越少，越來越現實。

人生應有所為，有所不為。華盛頓是美國的開國之父，他在第二屆總統任期屆滿時，全國「勸進」之聲四起，但他以無比堅強的意志堅持卸任，完成了人生的一次具有重要意義的減法，至今美國人民仍自豪於華盛頓為美國建立的制度。他的人生哲學值得我們去玩味和思考。

人生的減法哲學，能讓我們減去疲憊、減輕煩惱、減去沉重，更能減去不該早生的華發。那些身外之物，諸如金錢、地位、權勢，不要也罷。

《漁夫和金魚的故事》中那個貪心的婆婆要屋子、要宮殿、要做女皇，最後，竟要金魚完全聽命於她。我們在嘲笑那個婆婆的貪心時，也別忘了我們是不是那樣的「婆婆」。那些貪官，有了顯赫的權勢，還要金錢，還要美女，最終鋃鐺入獄。

作為萬物之靈的人，寧可不要燈紅酒綠，寧可不要豪宅靚車，僅要一份平平安安，僅要一份恩恩愛愛。泥沙俱下的紅塵之河中，有一葉扁舟就是幸福，太沉太重必會葬身於物慾的波濤洶湧中。

海倫．凱勒希望人生中有三天的光明，我們也不妨把未來的日子看作只有三天。只有三天的光陰，每一小時甚至每一分每一秒我們都得好好地珍惜啊！

人生感悟

哲人說人生如車，其載重量有限，超負荷運行會促使人生走向其反面。人的生命有限，而欲望無限。我們要學會辯證地看待人生，看待得失，用減法減去人生過重的負擔。否則，負擔太重，人生不堪重負，結果往往事與願違。

好的休息才是前進的動力

為了從繁忙的工作中解脫出來，鄭顥向所在的公司請了長假，準備出國旅遊一番。

鄭顥是一家IT公司的工程師，也是公司的業務骨幹，平常的工作可以算得上是日以繼夜。而每當工作告一段落的時候，接踵而至的應酬又讓他應接不暇。於是，鄭顥乾脆決定把這些不必要的東西從生活中減去。

鄭顥說：「我對應酬的事從來都不興趣。陪笑臉的生活不是我想要的，這些讓我很有壓力。我喜歡旅遊，加班中積累置換來的假期就成了我最好的選擇。一方面可以減去不要的，一方面又可以加上我想要的。何其樂哉！」

鄭顥說：「減法生活不止體現在減去繁冗工作這一方面，減少不願意的應酬，減少不必要的開銷，甚至連減少屋子裡多餘的物品，都應該視為減法生活的重要內容。減法生活的核心內容就在於，如何順從自己的本心，讓生活變得更簡潔，去掉繁冗，讓心靈好好放個假。只有充分地休息之後，人才能從前一段工作中緩解出來，全身心地投入到新的工作中去。」

從人性的立場上來說，休息一事，利大於弊。古語說得好：「在患病的時候，任何人都是壞人。」即使是心底最善良的人，在身體疲憊不堪、神精衰弱的時候，也會變得不通情理、脾氣暴躁。因此，當需要休息的時候，你應該休息。

總結以前成功的經驗，成功往往與好的休息有關。保持足夠的精力與體力，就像軍事上保持足夠的機動兵力一樣，當機會或考驗突然來臨時，能有足夠的力量去完成它，遊刃有餘，少一點心有餘而力不足的遺憾。

如果平常工作就很緊張的人，遇到意外的事就無力去做，結果遭到失敗，從而影響今後正常的工作軌跡。有的人比較貪婪，急功冒進，短時間加班加點也許可以，但久拖不絕，閃電戰變成了持久戰，難免就會出錯，悔之晚矣！古人早就說「欲速則不達」、「心急吃不了熱豆腐」也是這個道理。

一張一弛，文武之道也。一年是三百六十五天，果樹從種下到結果要幾年，各種事物都有其發展規律，急不得。我們應順應它而不是去改變它。

願大家都休息好，少一點功利之心，保留一點悠閒之志，為生活與工作中重要的事做好儲備。快樂的人不是一味追求快樂，而是竭力避免不愉快！

人生感悟

拋下妄念，安息心靈；淨化自我，獲得安寧。

每天讓自己沉靜幾分鐘，讓自己好好休息一下，不要隨著外在的事物流轉而變動，不要放棄洗滌自己、清明自己、淨化自己。

退一步海闊天空

有一件小事，小得真可以用微不足道來形容。可是就是這樣一件小小的事情，卻讓最繁華的路口的交通中斷十多分鐘，直到值勤的交警趕到。

一個四十多歲的男子騎了自行車從我所坐的這輛公交車邊而過時，正好是綠燈，而公車也急於轉彎而行，與騎自行車的這個人輕輕地擦了一下，雙方本來都沒有什麼大事，各走各的就是，偏偏這個公車司機把頭伸出窗外罵了一句：「媽的，沒長眼啊？」

騎自行車的這個人本來已經騎出了十米開外了，聽到這句話，立馬調轉車頭，攔住了司機，回罵了一句：「媽的，你開的什麼車？」

兩個人就這樣你一句我一句地對罵起來，外面還下著小雨，不大一會兒，後面的車就像長龍一樣被堵在後面，這兩個人沒完沒了，越罵越難聽。車上有人開始嘟囔起來，說是上班時間要晚了等等，有個人也站起來對司機說：「算了，走吧。這樣罵下去，誰是贏家呢？算了吧。」

不料，司機朝那個人眼瞪，罵道：「你摻和個屁！」嚇得那個人坐回座位上，不再出聲。

兩個人罵架的氣勢真的很勇猛，如果上戰場打仗，絕不亞於要與敵人決一死戰的英雄。雨下得越來越大，而兩個人並沒有就此停止戰鬥的意思，這時車上另一個人撥打了交警值勤電話。直到執勤交警趕到，這兩個人才得以結束戰鬥。

戰鬥結束了，公車的這個司機悶悶不樂地開著車，那個騎自行車的人估計也不會多快活。如果是小肚雞腸的人，這一天肯定也不會開心起來；如果不是，那倒好些，只是兩個人為這點小事斤斤計較，真有點讓人想笑。

有句話這樣說：「退一步海闊天空。」這是個連小學生都知道的道理，可是偏偏在現實中許多人卻常常把這個道理給忘記了。

富弼是北宋仁宗時宰相，字彥同。因為大度，上自仁宗，下至文武官員都稱他品行優良。

富弼年輕的時候，因聰明伶俐，巧舌如簧，常常在無意之間得罪一些人，事後他自己也深為不安。經過長時期的自省，他的性格逐漸變得寬厚謙和。所以當有人告訴他某某在說你的壞話時，他總是笑著回答：「你聽錯了吧，他怎麼會隨便說我呢？」

一次，一個窮秀才想當眾羞辱富弼，便在街心攔住他道：「聽說你博學多識，我想請教你一個問題。」

富弼知道來者不善，但也不能不理會，只好答應了。

眾人見富才子被人攔在街上，都湧過來看熱鬧。

秀才問富弼：「請問，欲正其心必先誠其意，所謂誠意即毋自欺也，是即為是，非即為非。如果有人罵你，你會怎樣？」

富弼想了想，答道：「我會裝作沒有聽見。」

秀才哈哈笑道：「竟然有人說你熟讀四書，通曉五經，原來純屬虛妄，富彥同（彥同是富弼的字）不過如此啊！」說完，大笑而去。

富弼的僕人埋怨主人道：「您真是難以理解，這麼簡單的問題我都可以對上，怎麼您卻裝作不知呢？」

富弼說道：「此人乃輕狂之士，若與他以理辯論，必會言辭激烈，氣氛緊張，無論誰把誰駁得啞口無言，都是口服心不服。書生心胸狹窄，必會記仇，這是徒勞無益的事，又何必爭呢？」

僕人卻始終不理解自己的主人為何如此膽小怕事。

幾天後，那秀才在街上又遇見了富弼。富弼主動上前打招呼，秀才不理，扭頭而去，走了不遠，又回頭看著富弼大聲譏諷道：「富彥同乃一烏龜耳！」

有人告訴富弼那個秀才在罵他。

「是罵別人吧！」

「他指名道姓罵你，怎麼會是罵別人呢？」

「天下難道就沒有同名同姓之人嗎？」

他邊說邊走，絲毫不理會秀才的辱罵。秀才見無趣，低著頭走開了。

氣量如海，大度待人，對人際交往的順利開展，有著十分重要的作用。人與人之間經常發生矛盾，在矛盾面前，若能夠有較大的氣量，以寬容的態度去對待別人，就會在時間的推移中，逐漸改變對方的態度，使矛盾得到緩解。

人生感悟

中國有一句古訓，叫作「退一步，海闊天空」。在很多情況下，忍讓往往是制勝的法寶。不管你是真的忍讓也好，還是作為一種策略也好，反正，善於忍讓的人在生活中往往更容易縱橫捭闔、左右逢源，正所謂「讓」一步海闊天空。

讓心靈去旅行

旅行是很多人的最愛。所幸的是最近幾年總能騰出些時間來到處走走看看。每個假期，都在旅途上。今年也不例外，又一次去了雲南。因為時間緊張，計劃是在旅行結束後直接返回美國，不再折回北京，所以只好帶上所有的行李——滿滿一大箱子。到了昆明以後，把箱子寄存在酒店，只挑出一個背包的必備品上路。

一路遊玩，到了位於麗江和香格里拉交界的虎跳峽。這是一處令人心跳的徒步線路，也是我這次旅行的計畫之一。徒步穿越整個峽谷需要三天的時間，而且山路崎嶇艱險，必須輕裝上陣。此時，我必須再次精減行裝，否則就要放棄這段路途。於是又一次的「忍痛割愛」，把大部分的東西留在了鎮上的小客棧，背著一個小包出發了。這一路上景色實在是美得讓人心醉，還在山中度過了美好的兩個晚上。之後，心中十分慶幸當初選擇了堅持，沒有放棄這段路途。而且，事實證明我帶的那一小包已經足夠了，而「甩」下的那些東西都是用不上的，或者說是無關緊要的「奢侈品」。

其實，隨著年齡的增加，應該學著用減法生活了。就像一路上不斷地精簡行裝，學會捨棄那些不是你心靈真正需要的東西。

其實，一個人的一生就像攀登一座高山一樣，假如你是一直在不停地攀登，希望早點登頂，而忽略了沿途的風景，那麼當你到達頂峰時，也意味著你的人生即將終結。如果你能一邊攀登，一邊欣賞沿途的美景，那麼你雖然爬得慢，但你卻體會到了異樣的風情。

出門旅行是為了增長見識，同時我們還可以減去日常生活所帶給我們的煩惱，度過一段忘憂的時光。旅行地點很重要，但最重要的，還是你自己的心態。

我們生活在一個競爭的社會，現實的殘酷讓我們不得不迎合社會的節奏，違心地去遵循我們認為並不合理的社會法則。我們別無選擇，也沒有機會選擇，想做回真實的自己真的很難。偶爾閒暇的時候，又可能會被繁雜的生活瑣事攪亂我們愈加疲憊的心。於是我們浮躁，我們迷惘！

不如放慢自己的生活節奏，別埋頭工作，給自己的心靈放個假，讓自己的心靈去旅行，用心領略一下身邊的風景吧！

找一個細雨紛飛的日子，打開電燈，讓柔和的燈光帶著溫暖的氣息瀰漫整個房間。靜靜凝視那紛飛飄落的細雨，傾聽風雨吹打窗櫺的拍擊聲，然後，閉上雙眼，任憑風雨肆意撫弄你的臉頰，這時，你會發現所有的一切彷彿都已不復存在，只有精神的寧靜與喜悅慢慢滋長……，要不唱首歌吧！翻出一直寂寞地躺在舊物箱中的那把古老的吉他，你會發現，它裡面原來還蘊藏著火一樣的激情，縱使你五音不全，但你完全可以孤芳自賞，自我陶醉。

或者找一個陽光燦爛的日子，坐在陽台上，泡上一杯清茶，靜靜地翻閱一下身邊的書，不必刻意去記住什麼名言警句，也不必著意去研究什麼深奧的道理，只須隨便翻翻，靜靜地瀏覽。那些有趣的笑話，那些經典名言，就這樣流入了你的思想裡，浸入到你的骨髓裡，像清水一樣，洗去你思想裡的各種雜質，趕跑腦子裡那些讓你煩惱的紛紛擾擾。

也可以什麼都不做，瞇著眼享受陽光沐浴，放飛心緒，想像一下自己是安徒生童話中穿著紅舞鞋的孩子，永遠隨著旋轉的腳步執著地追求開心和快樂！你便可以真正體會到這種美妙的感受，在不同的時間和空間裡展現你生命的風采。你也可以拋開人世間的爾虞我詐，幻想和陶淵明共訪「世外桃源」，因為我們每個人都很需要它，正因為有了它，才有了五彩繽紛的人生之旅！

生命裡填塞的東西愈少，就愈能發揮潛能。《重整行囊》的作者理查．J．賴德有過一次有趣的親身經歷。有一年他和一群好友到東非賽倫蓋蒂平原去探險。當時，正逢東非遭受嚴重旱災，在旅途中，理查隨身帶了一個厚重的背包，裡面塞滿了食具、切割工具、挖掘工具、衣服、指南針、觀星儀、護理藥品等。理查對自己的背包很滿意，認為已為旅行做好了萬全的準備。

一天，當地的一位土著嚮導檢視完理查的背包之後，突然問了一句：「這些東西讓你感到快樂嗎？」理查愣住了，這是他從未想過的問題。理查開始問自己，結果發現，有些東西的確讓他很快樂，但是，有些東西實在不值得他背著它們走那麼遠的路。

理查決定取出一些不必要的東西送給當地村民。接下來，因為背包變輕了，他感到自己不再有束縛，旅行變得更愉快。理查因此得出一個結論：生命裡填塞的東西愈少，就越能發揮潛能。

人生感悟

生命的進行就如同參加一次旅行。不是每樣東西都有利於這次旅行，要懂得取捨，學會在人生各個階段中定期解開包袱，隨時尋找減輕負擔的方法，讓自己活得更輕鬆、更自在。讓心靈去旅行，沿途你會發現很多屬於你自己的獨特風光。

第六章
佛門中的捨與得

在人生諸多關口上，我們幾乎隨時隨地都得做「清掃」。讀書、出國、就業、結婚、生子、換工作、退休……，每一次轉折，都迫使我們不得不「丟掉舊的自己，接納新的自己」，把自己重新「掃」一遍。

佛門中的捨與得

捨，在佛家看來，就是對一切事物不起一點兒愛憎執著，並且能夠無私地為眾生付出。

很久以前，有一座大香山，山里長著無數的蓽茇樹、胡椒樹以及其他各種藥草。蓽茇樹上常常棲息著一種鳥，名叫「我所鳥」。

每年春天藥草成熟時，許多人便來到這裡採摘藥草，用這些藥果治病，這時我所鳥總是悲傷地叫喚著：「這些是我所有啊！你們不要採摘！我心裡真不願意誰來採摘啊！」牠雖然這樣叫喊，但人們還是照舊採摘，一點也不理會它的哭號。這鳥命薄，憂傷地叫著，聲聲不絕，最後終於因為過於哀傷而死。

故佛有一偈曰：人執我所有，慳貪不能捨；縱以是生護，亦為無常奪。

「我所」就是我所有的房屋、眷屬、家產，這些身外之物可以利用它們來維護我們的生命；而修行人所需要的僅是菜飯飽、布衣暖，如貪求無厭，吝惜不捨，一旦失落，難免會像我所鳥那樣哀叫而死。

有一天，佛主見路邊地下埋有黃金，就對弟子說：「地下有毒蛇。」佛主走後，有個人不信，去挖土，挖出很多黃金來，一夜暴富，結果被人告發。國王責怪他沒有繳公，判了他的罪。所以佛主說黃金就是毒蛇。

佛主說人所有財物為五家所有，哪五家呢？為水所漂、為火所燒、為賊所盜、為子所敗、為官府所抄。其實娑婆世界裡的一切，都不是用來擁有的，而是用來捨的。一個人捨下一切則是真正的強大，無牽無掛；一個人擁有一切便是沉淪苦痛的深淵。學會捨棄，免於物慾的奔逐、事物的執迷，才能獲得人生的自在與豁達。

在巴勒斯坦有兩個湖，這兩個湖給人的感覺是完全不一樣的。

其中一個湖名叫加里勒亞湖，水質清澈潔淨，可供人們飲用，湖裡面各種生物和平相處，魚兒游來游去，清晰可見。四周是綠色的田野與園圃，人們都喜歡在湖邊築屋而居。另一個湖叫死海，水質的鹹度位於世界之最，湖裡沒有魚兒的游動，湖邊也是寸草不生，了無生氣，景像一片荒涼，沒有人願意住在附近，因為它周圍的空氣都讓人感到窒息。

有趣的是，這兩個湖的水源是來自同一條河的河水。所不同的是，一個湖既接受也付出，而另一個湖在接受之後，只保留，不捨棄原來的水。

讓河流動，方得一池清水，這是流水不腐的道理。捨而後得，這是人生的道理。

「捨得」一詞，是佛家語，是禪境語。本意是講萬丈紅塵撲朔迷離，人生在世總會有獲得有捨卻。

捨與得互為因果，往與複本來是自如的，如果領略其中奧意，自然可以打破分別之心。佛無分別心。無分別心，即無煩惱罣礙，心境圓融通達，萬象歸於一乘，人生有限的生命就會融入無限的大智慧中。

捨與得的問題，多少有點哲學的意味。捨得，捨得，先有捨才有得，不捨不得，小捨小得，大捨大得，捨即是得。捨是得的基礎，將欲取之，必先予之，因而人生最大的問題不是獲得，而是捨棄，無捨盡得謂之貪。貪者，萬惡之首也。領悟了捨得之道，對於做人做事都有莫大的益處。做人，應該拋棄貪婪、虛偽、浮華、自私，力求真誠、善良、平和、大氣；做事，應該有所為有所不為。

生活本來就是捨與得的世界，我們在選擇中走向成熟。做學問要有取捨，做生意要有取捨，愛情要有取捨，婚姻也要有取捨，實現人生價值更要有取捨……，正如孟子所說：「魚，我所欲也；熊掌，亦我所欲也。二者不可得兼，捨魚而取熊掌者也。」

捨得之妙，妙在是一門生活的藝術。它不是固執的痴迷，不是無奈的放棄，而是智慧的選擇。

人生感悟

人生即是如此，有所捨而有所得，在捨與得之間蘊藏著不同的機會。因一時貪婪而不肯放手，無異於作繭自縛，錯過的將是人生最美好的事物，即使最後能獲得什麼，也是一種得不償失！

給心靈來一次大掃除

你一定有過年前大掃除的經驗吧。當你一箱又一箱地打包時，是不是驚訝自己在過去短短幾年內，竟然累積了那麼多的東西？你是不是懊悔自己為何事前不花些時間整理、淘汰一些不需要的東西，否則，今天就不會累得你連背都直不起來？

大掃除的懊惱經驗，讓很多人懂得一個道理：人一定要隨時清掃，及時淘汰不必要的東西，日後它們才不會變成沉重的負擔。

人生又何嘗不是如此！在人生路上，每個人不都是在不斷地積累東西嗎？這些東西包括你的名譽、地位、財富、親情、人際、健康、知識等；另外，當然也包括了煩惱、憂悶、挫折、沮喪、壓力等。這些東西，有的早該丟棄而未丟棄，有的則是應該早儲存而未儲存。

問自己一個問題：我是不是每天忙忙碌碌，把自己弄得疲累不堪，以至於總是沒能好好靜下來，替自己做「清掃」？

心靈掃除的意義，就好像是生意人的「盤點庫存」。你總要瞭解倉庫裡還有什麼，某些貨物如果不能限期銷售出去，最後很可能會因積壓過多而拖垮你的生意。

不過，有時候某些因素也會阻礙我們放手進行掃除。譬如，太忙、太累；或者擔心掃完之後，必須面對一個未知的開始，而你又無法確定哪些是你想要的。萬一現在丟掉的，將來又撿不回來，怎麼辦？有這樣一個故事：

多年來，我老想清理我的文件——那些塞滿了書櫥、壁架和堆在地上、大廳裡、廚房裡的一疊疊文件。至少有十五年，我心裡一直對自己說：「不能再這樣拖下去了，我必須把東西好好收拾一遍。」

昨天早上，我終於動手了。勸服妻子帶孩子到海灘玩一天，自己則一口氣工作到午夜。我本想通宵做下去，只是我已把家裡弄成了一團糟，必須用腳尖才能走動。我打開冰箱門，卻驚見裡面放的是我的運動衫、襪子和幾件木工用具。我將它們取出欲轉移到另外的地方，不慎和書櫥碰個正著，撞得堆放在最高層的一大疊書掉下來，紛紛砸在我的頭上和臉上。

晚上，我的頭腫起了包，鼻子貼了OK繃，左眼已幾乎看不見了。我在客廳中央踩著一隻拖鞋，腳下一滑，扭傷了足踝。我不明白為什麼那隻拖鞋會在那裡。我早已注意到拖鞋是到處跑的東西，剪刀也是。拖鞋和剪刀的不同在於：拖鞋喜歡展露自己，使你簡直就避不開它；而剪刀則喜歡躲藏得無影無蹤。

最令我氣惱的是，我花了那麼多力氣，卻沒有什麼成績。我本想把所有的字紙看一看，選出要留的，因此我搬動了大堆的文件夾、舊報紙和紙箱，看看下面和裡面是什麼。誰知這竟是個嚴重的錯誤：兩個小時後，我的字紙體積比原先增加了三倍。未到中午已無處可坐，我想到街口的咖啡廳去舒口氣，但房門被堆放著的東西堵住了，不能打開。

於是我改變戰術，決定一次只處理一件事情，從就在眼前的一個捆著的紙箱著手。我解不開繩結，想找剪刀又找不著，倒很方便地找到了一隻拖鞋。我心頭一火，一下把它拋出了窗外。最後我用廚房裡的菜刀割斷繩子，打開了紙箱：只見裡面裝的是結帳單、剪報、信和一塊甜餅。

我正要把這整箱的東西拋進垃圾箱，突然，一種無形的力量制止了我。我想，萬一政府忽然認為我有一筆稅款未交，我該怎麼辦？我可以想像我面對稅務員，供認我已把所有的結帳單扔掉了。我承認我不敢再想下去。

所剪的報是二十世紀六〇年代的，都是些極有趣的文章，我想留待日後閱讀。但那一天尚未來臨。事實上，可能永遠也不會來臨。不過，我還是決定繼續保存那些剪報，因為也許子女們有一天會看。

我想拋掉那些舊信，只保存郵票。如果我不重讀那些信，也許我真的要那麼做了。可是當我隨便看看時，時間就到了下午。我又檢查了兩疊文件，除了一張一九七〇年的帳單外，竟找不到一張可以丟棄的紙片。而就在我從一個文件櫃走到另一個文件櫃的時候，又踩到了另一隻拖鞋而使身體閃了一下，我立刻把它扔出窗外，讓它去追隨它的「伴侶」。

接著，我強打精神，把那張一九七〇年的帳單和那塊甜餅丟進了廢物簍，把所有的紙箱和一疊疊東西放回原處。午夜時分，已經筋疲力盡的我停止了工作。

凌晨一點，妻子和孩子都回到了家，家裡看來差不多還是老樣子。「我累得要命！」我對妻子說。「哦，你做什麼了？」「我明天再告訴你。」我說，「現在不想再說這件事。」「你也猜不到我們在房子前面的街上撿到了什麼。」她欣喜地說道，背後的手好像拿著什麼東西。「我的拖鞋。」我哽噎著說，險些忍不住流下眼淚。

一直以來，我們不斷地把各種有形、無形的東西加在我們自己身上，好讓自己富有、充裕，讓自己壯大、盈滿。我們相信，當我們在各方面都「長得像大樹一樣大」的時候，就是離快樂和富足的心境最近的時候。

可是，這樣的信念卻在某一些時候，成為卡住我們，讓我們困頓、凝滯的關鍵。因為加法並不是面對人生的課題時唯一的方法，有些時候，你必須用「減法」才能夠解得開。而所謂的減法，正是捨棄與放手的藝術。

人生感悟

的確，心靈清掃原本就是一種掙扎與奮鬥的過程。不過，你可以告訴自己：每一次的清掃，並不表示這就是最後一次。而且，沒有人規定你必須一次全部掃乾淨。你可以每次掃一點，但你至少必須立刻丟棄那些會拖累你的東西。

拂去心靈的塵埃

鼎州禪師與一位小沙彌在庭院裡散步，突然颳起了一陣大風，從樹上落下了好多樹葉，鼎州禪師就彎下腰，將樹葉一片片地撿了起來，放在口袋裡。站在一旁的小沙彌忍不住勸說道：「師父！您不要撿了，反正明天一大早，我們都會把它們打掃乾淨的。您沒必要這麼辛苦的。」

鼎州禪師不以為然地說道：「話不是你這樣講的，打掃葉子，難道就一定能掃乾淨嗎？而我多撿一片，就會使地上多一分乾淨啊！而且我也不覺得辛苦呀！」

小沙彌又說道：「師父，落葉這麼多，您在前面撿，它後面又會落下來，那您要什麼時候才能撿得完呢？」

鼎州禪師一邊撿一邊說道：「樹葉不光是落在地面上，它們也落在我們心地上，我是在撿我心地上的落葉，這終有撿完的時候。」

小沙彌聽後，終於懂得禪者的生活是什麼了。之後，他更加精進修行。

當年佛陀在世的時候，有一位弟子叫「周利槃陀伽」，本性十分愚笨，怎麼教都記不得，連一首偈，他都只是念前句忘後句，念後句忘前句的。

一天，佛陀問他：「你會什麼？」

周利槃陀伽慚愧地說道：「師父，弟子實在愚鈍，辜負了您的一番教誨，我只會掃地。」

佛陀拍拍他的肩頭說：「沒有關係，眾生皆有佛性，只要用心你一定會領悟的。我現在教你一偈，從今以後，你掃地的時候用心念『拂塵掃垢』。」

聽了佛陀的話，愚鈍的周利槃陀伽每次掃地的時候都很用心地念，念了很久以後，突然有一天他想道：「外面的塵垢，要用掃把掃淨，但內心的污穢怎樣才能清掃乾淨呢？」

就這樣，周利槃陀伽終於開悟了。

鼎州禪師的撿落葉，不如說是撿去心中的妄想煩惱。大地山河有多少落葉且不必去管它，而人心裡的落葉則是撿一片少一片。禪者，只要當下安心，就擁有了大千世界。

儒家主張凡事求諸己，日省吾身三次；禪者則認為隨其心淨則國土淨，故有情眾生都應隨時隨地除去自己心上的落葉，即所謂「佛塵掃垢」，還自己一片清靜。

佛典上有一偈：「身是菩提樹，心為明鏡台，朝朝勤拂拭，莫使惹塵埃。」意思是人心就好比一面鏡子，只有拭去鏡面上的灰塵，鏡子才能光亮，才能照得清楚人的本來面目。所以，一個人也只有常常拭去心靈上的塵埃，方能露出其純真、善良的本性。佛典還有一偈：「菩提本無樹，明鏡亦非台，本來無一物，何處惹塵埃。」講的是更高的修煉境界。但對於風塵世人來說，這兩道偈的區別並不是很大，關鍵是我們要拂落心靈的塵埃。

剛出生的小孩，是那麼純淨，那麼透明，那麼可愛，讓人忍不住要去愛憐。但是隨著他的長大，就變得越來越不可愛了，到後來甚至十分令人討厭，這是為什麼？為何保持一份內心的潔淨是如此困難？紅塵濁世，是什麼改變了我們？

生活中，財、色、利、貪、懶……，時刻潛伏在我們的周圍，像看不見的灰塵一樣無孔不入。時間長了，不去清掃，人的心上就會積著厚厚的一層，靈智被矇蔽了，善良被遮擋了，純真亦不復見。

那些塵埃，顆粒極小，極輕。起初，我們全然不覺它們的存在，比如一絲貪婪、一些自私、一點懶惰，幾分嫉妒、幾縷怨恨、幾次欺騙……，這些不太可愛的意念，像細微的塵灰，悄無聲息地落在我們心靈的邊角，而大多數的人並沒引起注意，沒有及時地去清掃，結

果越積越厚，直到有一天完全占滿了我們的內心，使我們再也無法找到自我。

人生感悟

落葉之輕，塵埃之微，剛落下來的時候難有感覺，但是存得久了，積得多了，清理起來就沒那麼容易了。在生命的過程中，也許我們無法避過漂浮著的微塵，但千萬不要忘記去拂拭，只有這樣，我們的心靈才會如生命之初那般清潔、明淨、透明！

拂去心靈的塵埃，讓靈魂在場，這是一種菩提深悟，更是一種本性歸真！

生命是道減法題

現在的時代裡，我們總是奉行著加法和乘法，不斷地追求更大的利益和權力，不斷地索取。其實，人生有一種哲學叫減法：化複雜為簡單，化多為少，去粗取菁。

有這麼一個故事：

一位躊躇滿志的老闆，在事業上發達了，建了別墅也買了車。他的公司每年純贏利上百萬，可是他對員工卻非常小氣，連自己也是非常節儉。為了省錢，他出差時不坐飛機，坐火車，吃的是泡麵，住的是小旅館。一次辦事回來，路上翻了車，他負重傷進了醫院，好在幸運地保住了自己的兩條腿。

經歷這次劫難後，老闆判若兩人，人變得溫和謙恭，對員工態度也有了改變，一改往日的凶橫。有人便問他其中的原因，他直言不諱地說：「以前，我都是用加法來衡量人生，人活著要日積月累地發展，要像滾雪球般地攢錢。自出事以後，我發覺人生適宜於減法，假如我上次被壓死，那一切也就都不復存在。如果上帝要去我的兩條腿，人生也就會少去很多意義。所以我明白不要把人生的目標定得太高，比起健康地活著，一切都顯得微不足道。」

人生的減法哲學，就是減去疲憊、減輕煩惱、減弱沉重、減去心靈上的沉重負擔，減去一些奢侈的慾望，減去沒有價值的身外之物。作為萬物之靈長的人，應該寧願不要車子、票子、房子，也要一份平平安安；寧願不要燈紅酒綠、輕歌曼舞，僅要一份恩恩愛愛。減少了一次奢靡淫逸，就增加了一份靈魂的純淨與人生的寧靜；減少了一次誹謗嫉妒，就增加了一份人際的空間與道德的高度；減少了一次應酬周旋，就增加了一份家人的親情與生活的從容；減少了一次諂媚邀寵，就增加了一份人格的尊嚴與心靈的輕鬆。

美國著名作家海倫．凱勒在《假如給我三天光明》中，表達了自己作為一位盲人對人生中僅有的三天光明的萬分珍惜。三天光明，收入眼簾的也只是蔥鬱的山林、碧綠的草地和可親的身影……，這些對我們視力正常的人來說，不過是些司空見慣的事情。可是又有誰能在閒暇之時去融入這些蔥綠中，對這些產生情感和驚喜，或去靜靜地聽聽鳥鳴，放鬆放鬆自己呢？我們還不是熟視無睹，處之漠然。若我們的人生也只是短暫的三天光陰，那每一小時甚至每一分每一秒都得好好地珍惜！

減法生活讓我們留下一些時間，留下一些心情，留下一個夢想，學會在快節奏的生活中觀花、賞月，和自己的家人在一起，讀自己喜歡的書，聽自己喜歡的音樂，甚至放下一切出趟遠門旅行，享受生活的寧靜與和諧。我想也許只有到了想做加法就做加法，想做減法就做減法的時候，才是真正自由自在的生活。

減法哲學告訴我們：減出輕鬆，減出自在；減出健康，減出年輕；減出快樂，減出幸福！

其實，世間百態萬物，它的生命長短都是有一個定數的。一個生命誕生之時，就是這個生命消失的倒計時之日。這樣說來，生命本身就是一道最簡單的減法算術題。

據說瑞士嬰兒一出生，醫院就會通過網絡查看他是這個國家的第幾位成員，然後以此為編號在戶籍卡中輸入這孩子的姓名、性別、出生年月等。由於用的都是相同規格的戶籍卡，故此即使是小孩也都有財產狀況這一欄。而瑞士人習慣在這欄上為孩子填上「時間」！

的確如此，生命是上帝對每個人賬戶中存放的一筆儲蓄。生前誰都不知究竟有多少，卻每個人每天都在消費它，支出它，直到有一天消耗殆盡。生命就是一道減法算術題，而用時間所換取來的權力和金錢卻做著加法，可當有一天這兩條曲線交叉時，生命顯示屏就出現零，零乘以任何數都是零。這就是生命計算公式，殘酷的現實。人可向銀行貸款，卻不能向健康透支，因為人根本無力償還。昨天是作廢的支票，明天是未發行的債券，只有今天才是現金。生命需要節能，時光尤要珍惜！

《聖經》中早有話告訴我們：「你們要愛惜光陰，用智慧與外人交往。」令人頓覺醒悟：昨日已去後悔遲，明天前程尚不知，抓住今日黃金時，多做善工是正事。

人生感悟

減法生活的原則就是應該適度節制，而不是盲目地要那些不屬於自己的東西。貪婪是人性的弱點，也是快樂的大敵，如果以快樂和健康為代價，即便得到你想要的東西，你還會快樂嗎？

如何面對上帝出的「減法題」

人生有太多的誘惑，不懂捨棄就只能在慾望的漩渦中喪生；人生有太多的欲求，不懂捨棄就只能任欲求牽著鼻子走；人生有太多的無奈，不懂捨棄就只能與憂愁相伴。

生活中有太多我們捨不下的東西，譬如健康、名譽、財富、美貌、地位、感情等，我們究竟該如何面對上帝給我們出的這道人生「減法題」？

法國一家報紙舉辦一次智力競賽，其中有這樣一道題目：如果羅浮宮失火了，只允許救出一幅畫，你會選擇救出哪一幅畫？結果著名作家貝爾納的回答「搶救離出口最近的那幅畫」成為最佳答案。

的確，倘若因貪婪而躑躅不定，因惋惜而猶豫不決，一味想「加」而不願意「減」，那麼所有的名家巨作都將成為灰燼。這取捨的智慧令人讚嘆。

在人生的旅途上，我們櫛風沐雨，頂烈日戰霜雪，收穫了一路歡笑與淚水，盛滿了記憶的背囊。一隻手捧起的，是曾經的輝煌、以往的榮光，然而這些卻已被歲月沖刷得一片黯然，猶如胸前掛著的一排失去光澤的勳章；另一隻手握著的，是生命的憂傷、奮鬥的坎坷，幾多苦澀，幾多辛酸，那些已逝的過去依舊是那麼刻苦銘心，卻也早已被時光風化成碎屑，滲出指間。

所有這些記憶的殘垣斷壁都已經斑駁，失去了曾經的光彩，化作沉沉的負擔，羈絆著我們前行的腳步。可我們捨不得，捨不得將它們從手中放下。殊不知卸下它們，輕裝上陣，可以讓疲憊的腳步輕盈，讓人生的道路坦蕩；殊不知捨棄它們，會使擁有的彌足珍貴。

「結廬在人境，而無車馬喧。問君何能爾，心遠地自偏。」陶淵明放棄了對仕途榮華富貴的孜孜追求，讓身心回歸自然的純淨；摒棄了滾滾紅塵，尋覓一隅唯美的「世外桃源」，獨享「采菊東籬下」的逍遙和「狂歌五柳前」的灑脫。陶淵明精通人生的減法，這種捨棄令人欣賞和敬仰。

對生活的點滴，我們總是拚命地「加」，貪心地攫取、占有、收藏。當不堪重負、身心俱疲時，我們依舊倔強地守護著所有的收穫，不肯放手，就像那個叫葛朗台的老頭，吝嗇而滑稽。

每個人都是赤裸著身體、不加任何修飾地來到世上，走時雖然要體面一些，但也無非是多穿了一件衣裳而已。可是人活一輩子，要竭力爭取的東西太多了，細細思量才發現：名也好、權也好、美色也好、財富也好……，沒有一樣不是暫時得到，隨後又轉手與人。雖然明白得到的終究要失去，可是每個人卻都依然故我，一刻也不肯鬆開因為執著而緊握的雙手。

也許有人要說：「捨棄了，我便一無所有。」捨棄，自然要有一些疼痛，但那又何妨？

在造物主眼裡，一切永遠是在開始。當狂風過後，一株老樹轟然倒下，我們在心中嘆息老樹的生命結束了。但我們又似乎聽見造物主在說：「放棄悲傷，去看它身邊的幼苗吧。」

懂得捨棄是人生的大智慧，適時的捨棄是自知與明智的結晶。有選擇，有捨棄，這才是完美的人生。放棄對物慾的追求，打開自己的心窗，尋一片美麗誘人的沃野，呼吸一下新鮮空氣，沉醉在花香與泥土的氣味中。

所以，我們要笑著面對上帝出的這道「減法題」，笑對捨棄。今天的捨棄是為了明天能夠花紅滿樹，桃李芬芳。

人生感悟

永不言棄是一種精神韌性，但學會捨棄，做好人生的減法，是一種大智慧。捨棄了生活的轟轟烈烈，你還享有平平淡淡；捨棄了急流險灘，你還擁有溫馨港灣。放棄，其實是一種新的開始。

用減法邁過人生的三道檻

修身養性一直是中國傳統文化的核心之一，儒家最講究「修身」「齊家」「治國」「平天下」。《論語》也以「君子三戒」來警示世人嚴於修身。人生的境界高低不在於社會地位的高低，與個人財富的多寡也無關，內心的和諧寧靜才是人生的至高境界。

孔子在兩千多年前是如何警示世人成功邁過這三道檻的呢？

子曰：「君子有三戒：少之時，血氣未定，戒之在色；及其壯也，血氣方剛，戒之在斗；及其老也，血氣既衰，戒之在得。」（《論語．季氏》）

孔子說：「君子有三種事情應引以為戒：年少的時候，血氣還不成熟，要戒除對女色的迷戀；等到身體成熟了，血氣方剛，要戒除與人爭鬥；等到老年，血氣已經衰弱了，要戒除貪得無厭。」

「少之時，血氣未定，戒之在色。」人在少年的時候，很容易衝動，這個時候我們尤其注意不能因男女關係而玩物喪志，或因感情的變故而導致人生走向不穩定。有不少青少年，因為談朋友而誤了學業，更有甚者，為了爭奪一個異性朋友而做出打擊、迫害他人的舉動。有些因為感情的挫折而想不開，甚至會自殺。所以，在這個時期要慎重地處理好感情問題，千萬不要因色生事。

過了青春這個坎兒，就到了中年。人在中年，血氣方剛，事業與家庭都很穩定。個人為了突破事業上的瓶頸而與人「大打出手」，所以孔子說「戒之在斗」。斗的結果很可能是兩敗俱傷，此時既已家業有成，當好好享受人生的樂趣，以一顆平和之心來看世界萬千。

人生不過幾十個春秋，一晃眼到了老年，這時應注意些什麼呢？按照孔子的說法，叫「血氣既衰，戒之在得」。

老人多半性情溫和，如羅素所說，湍急的河流衝過山巒，終於匯入大海的時候，表現出來的就是一種平緩和遼闊。在這個時候，要正確對待你得到的東西。孔子所說的「戒之在得」其實是大有深意的。

人年輕的時候，都是用加法生活，因為你每天都需要學習很多知識與經驗，但是到一定層次後，要學著用減法生活，還和年輕時一樣拚命，你的身體根本撐不住，心理也同樣承受不了。

年少時忙著學習，給自己的心裡堆了很多東西，但到老了就必須學會抉擇，有些東西雖然很好，卻不一定是你所必需的。這就好比去超市，年輕人見新奇的東西，不管自己需要不需要，先買了再說，所以「打折」對他們最具有誘惑力。但老人就不一樣，他們有自己的人生經驗，「任它弱水三千，我只取一瓢飲」，只買自己用得著的。

孔子的人生三戒，其實是對心靈的自我釋放與撫慰。只有大度與灑脫的人才能從中獲益，修養不夠的人是不會理解其中的深意的。

人生感悟

斤斤計較，患得患失，少一份豁達，就少一份平常心，當然，快樂就少了很多。若只是求而不得，只能徒增煩惱。以聖哲孔子「君子三戒」為修身準則，是獲得內心寧靜與平和的有效途徑。

減去多餘的部分

多年以前的一個深秋，我和朋友開著他的北京吉普在郊外的山上狂奔。那是一輛款式很老的北京吉普車，很舊了，朋友索性把頂篷拆了，當敞篷車開。由於都喜歡車，坐在車上難免談起車來，說著說著，朋友突然說出一句很不一般的話來，他說：「一般的車都是做加法，設計師今天這兒加一個東西，明天那兒加一個什麼，車裡越來越複雜。而真正的吉普車

是做減法，把能不要的東西都不要了，只要能開就行。」

現在絕大部分的人都喊累。為什麼累？負擔太重。很多人將財富、地位、名譽與人生牢牢地捆綁在一起，把是否擁有這些看成是衡量人生成功與否的標尺。不僅那些底層的工人和農民活得很累，即使有些大學教授活得也很累。給自己制訂很多社會計畫，每年要出多少本書，發多少篇文章。也就是說不管你處在什麼位置，只要你是加法心態，活得就會很累，壓力會很大，如果不調整好的話，會導致種種心理障礙。

現代人的慾望日益膨脹，永無休止地往自己的人生行囊中塞進各種各樣的物質，食有魚，出有車，尚思別墅和發財。於是有的人精神疾患越來越嚴重，更有一些人的人生戲劇最終完全變味，上演成一幕幕鬧劇和醜劇。

圍棋驍將劉小光曾經說過：「我覺得下棋，經常不是增加點東西，而是減少點東西。」正是他的減法，使他的狀態一直頗佳。人生的道理大體也是這樣，在人生的奮鬥歷程中，只有學會放棄一些東西，才能有所進步。

有人問大師羅丹雕塑的秘訣，答曰：「減去多餘部分。」

印度詩人泰戈爾說：「鳥的翅膀一旦繫上了黃金，就永遠也不能飛騰起來。」

人生亦然。學會人生的「減法」，已成我們現代人的當務之急！

傳說，有一個人覺得生活很沉重，便去見哲人，尋求解脫之法。哲人給他一隻簍子背在背上，指著一條沙礫路說：「你每走一步就撿一塊石頭放進去！」

那人照哲人的話做了，哲人便到路的另一端等他。

再見面時哲人問：「有什麼感覺？」

那人說：「越來越覺得沉重。」

哲人說：「這也就是你為什麼感覺生活越來越累的道理。我們來到這個世界上時，每個人都背著一隻空簍子，我們每走一步都要從世界上撿一樣東西放進去，而不知剔除那些贅繁無用的東西。那麼，就難免會產生越走越累的感覺，有的還會被拖垮，甚至累死。」

聰明人做的是減法。人生如釀酒，「減」去無味的水，量雖少了，味反而醇厚了。要想得到大果實、好果實，必須要用「減」法，即玉米苗一尺來寬留一棵，其餘的鋤掉，一壟下來幾十棵嫩生生的苗被斬殺。到了秋天，田間的胡蘿蔔苗更是十留其一。

人的慾望是無法滿足的，而機會稍縱即逝。貪慾不僅讓人無法得到更多，甚至連本可以得到的也將失去。

曾有一個貪心人的故事。故事是說有個地主去拜訪一位部落首領，想要塊領地。首領說，你從這兒向西走，做一個標記，只要你能在太陽落山之前走回來，從這兒到那個目標之間的地就都是你的。太陽落山了，地主也沒有回來，因為他走得太遠，累死在路上。如果地主沒有奢侈的慾望，不去貪圖那一塊土地，就不會連性命都丟掉。

一位女同事，買手機時總是挑最時尚的買。但用沒幾個月，市場上就出現了更流行的款式。她就接著買新的，把不用的手機拿到二手市場便宜賣掉。對時尚的追求令她欲罷不能，幾年裡換了很多手機。有一次她感慨萬千地說，不斷地換手機使她損失了上萬元，但她現在用的手機還不是最新的款式。

一位朋友在結婚前買了一套新房，房子面積不算大，大約八十多平方公分，裝修也很簡單，沒花多少錢。朋友說，對於他的收入來說，這樣的面積和裝修是合理的。如果買流行的一百多平方公分的房子並進行豪華的裝修，那在以後的幾年裡，他必須有節制地消費，有計劃地還房款，生活將不再從容。朋友說住進新房後他感到很滿足，他不會羨慕別人面積更大裝修更漂亮的房子，更不會羨慕有錢人的豪華別墅，因為那樣會使他一輩子都不快樂。

人生路途有著一段段不同的風景，常常需要我們調整自己，與現實磨合。在起伏跌宕的環境中掌握做減法的本領，才能讓我們一切平穩向前。貪多又求完美的心態，讓不少人難承重壓，背離了和諧的人生狀態。

人生感悟

小時候，見園丁給小樹減枝總覺得很可惜，殊不知這是一種更高境界的放棄。放棄不是消極，更不是所謂的逃避。放棄是一種成熟的象徵，放棄是一種心甘情願的付出。

在人生奮鬥中，只有學會放棄一些東西，才能有所進步。很多東西雖然很好，但對於我們來說也許是多餘的，對於這種東西我們就應該毫不猶豫地放棄。

為失去而感恩

「塞翁失馬，焉知非福」，這告訴我們，有時在苦難的遭遇之中，會隱藏著上蒼給我們預備的極大恩典，所以為你的失去感恩吧！

在第二次世界大戰期間，有一艘船被砲彈擊中沉沒，只有一個人活著漂到了孤島，獨自在島上艱苦地生活。他天天站在島邊大搖白旗，希望有人看到能來救他。但一直都沒有結果。一天，他千辛萬苦搭蓋的茅屋起火了，把他所有的「家當」都燒光了。他傷心極了。他埋怨上帝：「我唯一的棲身之處，僅有的一點生活用品都化為了灰燼。上帝啊，你為何使我走上絕路？」

可是不久就有人來救他了，因為他們看見了島上的火光，認為島上有人，所以過來看看。他起初的埋怨，變為大大的感激，因為上帝讓這把火救了他。

失去並不可怕，但如果在失去之後自怨自艾，一蹶不振，那才是真正的可怕，因為你已經失去了希望之光，你的人生已經沒有了意義。

法國一個偏僻的小鎮，據傳有一眼特別靈驗的泉水，非常神奇，可以醫治各種疾病。有一天，一個拄著枴杖、少了一條腿的退伍軍人，一跛一跛地走過鎮上的馬路。旁邊的鎮民帶著同情的口吻說：「可憐的傢伙，難道他要向上帝請求再有一條腿嗎？」

這句話被退伍軍人聽到了，他轉身對他們說：「我不是要向上帝請求給我一條新的腿，而是請求他幫助我，教我少了一條腿後也知道如何度日。」

失去的永遠不會再來，要勇於面對現實，為失去而感恩，勇敢地接納失去的事實。不管人生的得與失，重要的是讓自己的生命充滿亮麗與光彩。

索斯說：「失敗不是氣餒的來源，而是新鮮的刺激。」只要我們不放棄，總結經驗教訓，以一顆平和的心來對待失去，那麼，未來就不會永遠地失去。

失敗是新鮮的刺激。家喻戶曉的科學家愛迪生正是在失敗中感受到了成功的刺激。

愛迪生費盡大半的財力，建立了一個龐大的實驗室，但不幸的是，一場大火幾乎將之毀之殆盡，他一生的研究心血也幾乎付之一炬。

六十七歲的愛迪生平靜地坐在一個小斜坡上，看著熊熊的大火燒盡一切。他對兒子說：「快去把媽媽找來，讓她看看這難得一見的大火。」

人們都以為這場大火可能對愛迪生造成重大打擊，但是他卻說：「大火燒去了所有的錯誤，感謝上帝，我們又可以重新開始了。」

沒過多久，留聲機就被發明出來了。

很多人因為失去才有了更好的收穫，比如斷臂而有了維納斯的不朽，失明而有了《二泉映月》，癱瘓而有了《鋼鐵是怎樣煉成的》……。

相信大家都還記得舞蹈《千手觀音》帶給我們的震撼，一群美麗善良的女孩，用優美的舞蹈表現出觀音菩薩安詳慈愛的形象，以此來表達觀音對人類美好的祝福。音樂是舞蹈的靈魂，但她們失聰了，在無聲的世界裡，不能聽到任何聲音。邰麗華曾經說過：「殘疾不是缺陷，是人類多元化的一個特點。」

也許正是這樣的失去，才有了我們眼前的《千手觀音》。因為她們的手就是她們的「口」，她們口裡無言手卻不休，用一招一式的手語來表達對父母的愛，對月亮的神往和對太陽的崇拜。正是這無數次的生活表達，才有了舞蹈裡「千手」瀰漫出的詩意，才有了震撼人們心靈的美的感受。真正體格健全的演員也許演不了這樣的舞蹈，因為他們沒有這樣的失去。

在人的一生中，要經歷無數的失去，學會為失去感恩，勇於承受失去的事實，才能走出失去的陰影，獲得重新生活的勇氣。當我們失去了曾經擁有的美好時光，我們不必去感嘆人生路的難走，不再為過去掉眼淚，努力地在自己的人生舞台上舞出自己的精彩。

人生感悟

生活中沒有什麼東西是不能放手的。所有曾經以為不能失去的東西，只是生命中的一塊跳板，跳過了你的人生就會變得更精彩。人在跳板上最艱難的不是跳下來的那一刻，而是在跳之前心理的患得患失，那種感覺只有自己才能體會得到。沒有什麼東西是不可或缺的，學會為失去感恩，幸福的陽光才會灑滿你的心扉！

不捨一株菊花，哪得一村菊香

一位老禪師在院子裡種了一棵菊花，第二年的秋天，院子成了菊花園，香味一直傳到了山下的村子裡面。凡是來寺院的人們都忍不住讚歎：「好美的花兒啊！」

有一天，村子裡的人開口向老禪師要幾棵菊花種在自己的院子裡，老禪師答應了，並親自動手挑揀最好的菊花送給村子裡的人。於是，消息傳開了，前來要花的人接連不斷。在老禪師的眼裡，這些人都是那麼知心和親切，所以凡來要花的人都給，不多日，院子裡的菊花就被老禪師送得一乾二淨。

沒有了菊花，院子裡就如同沒有了陽光一樣寂寞。

秋天的最後一個黃昏，弟子看到滿院的淒涼，忍不住說：「真可惜，這裡本應該是滿院的花朵與花香。」

老禪師對弟子笑著說：「你想想，這豈不是更好嗎？一年之後，將是一村的菊香。」

「一村菊香！」弟子不由心頭一熱，看著師父，只見他臉上的笑容比開得最美的花還要燦爛。

老禪師告訴弟子說：「我們應該把美好的事與別人一起分享，讓每一個人都感受到這種幸福，即使自己一無所有，心裡也是幸福的！這時候我們才真正地擁有了幸福。」

不捨一株菊花，哪得一村菊香？老禪師把美好的東西拿出來與別人一起分享，當別人臉上洋溢著笑容時，他感到很欣慰，因為他明白與別人分享幸福比自己占有幸福更幸福。

快樂與人分享，快樂會加倍；悲傷與人傾訴，悲傷會隨風而逝。懂得分享，生活便是彩色的，但是人們因為忙碌、因為冷淡已經忘記了與人分享，並不能體會到其中的樂趣。

一個灼熱的黃昏，妻子正為了炒菜做飯忙得不可開交，丈夫也跟著團團轉，他想對妻子有所幫助，其實他什麼也做不了。妻子雖然明白他是好意，但看著他在一旁轉來轉去，總覺得礙手礙腳的，這讓她非常煩躁。正當妻子火氣很大的時候，丈夫朝著窗外望去，突然喜出望外地對妻子說：「艾麗斯，快來看，快來看，天空好漂亮呀！」

妻子聽了就更不耐煩地說：「等一下！你沒有看到我現在正忙嗎？」

妻子說話的語氣好像在責怪他沒有幫忙，還在偷懶，其實妻子根本不需要他的幫忙。聽完妻子的話，他也不開心地安靜下來了。五分鐘過後，妻子覺得自己的態度太不好，便走過去問他要她看什麼。

他這時才說：「五分鐘前滿天的彩霞，好漂亮。現在已經沒有了。」

妻子隨著他的手指往窗外看，一片昏黃的夕照將天空染成淡黃色，實在沒什麼稀奇，便回過頭再做自己的事，這個黃昏就這樣過去了。

幾天後的一個清晨，妻子起床準備早餐，依照慣例，她拉開窗簾，打開窗戶，突然看到滿天層次分明的彩雲，一層淡紫，一層粉紅，邊緣還鑲著淡淡的金光，迤邐到天邊才漸漸淡去。

面對著天然的神奇畫面，妻子有一種感動，本想與丈夫一起分享這一份感動和美好，但時間還早，她不想打擾他睡覺，便想等一下再說。結果剛轉個身，再回頭來看時，天空已經完全改變，剛才那幅美景已經不見了，現在即使叫醒丈夫，也來不及欣賞那樣神奇的美麗。

妻子若有所失，悵然地離開了那扇窗子，就在那一剎那，她想起幾天前丈夫要她看窗外滿天的晚霞，卻因為自己的不耐煩，錯過了人間的美景，想必當時他的心情與現在的自己一樣悵然若失吧！

原本，當我們看到或經歷到任何美好的東西時，我們總是希望與人分享，特別是我們喜歡的人。但是往往有一些原因會使我們錯失了分享的機會，或許是因為當時某一方心情不好，或許是因為對方不在身邊，或是其他的任何理由，使我們害怕分享、無法分享、不懂分享抑或拒絕分享、不願分享等。總之，人們之間的關係漸行漸遠，慢慢習慣了禁錮在自己的世界裡，自然也就無法體會到一村菊花的芳香。

分享，有時是實質性的事物，但更多的是一種心靈的溝通，一起分享花開日落的美麗，能增進人們之間的瞭解、關懷、愛護。分享的機會稍縱即逝，如果不懂得把握，我們就留不住那份美麗與感動。因而懂得分享的人是幸福的！

人生感悟

學會與人分享，生活將是一種意想不到的幸福。一個懂得分享的人，生命是豐沛而充滿喜悅的！

人們感受愛情的時刻，多少也在感受著一個無法預知的未來。當兩個人分享彼此的未知時，同時也在分享著你們共同的未知。

適度釋放潛在的怒氣

我們常常遭遇這樣的情況：

上班時堵車堵得厲害，交通指揮燈仍然亮著紅燈，而時間很緊，你煩躁地看著手錶的秒針。終於亮起了綠燈，可是你前面的車子遲遲不啟動，因為開車的人思想不集中，你憤怒地按響了喇叭，那個似乎在打瞌睡的人終於驚醒了，倉促地啟動了車。而你卻在幾秒鐘裡把自己置於緊張與不愉快的情緒中。

美國研究應激反應的專家理查德．卡爾森說：「我們的惱怒有百分之八十是自己造成的。」這位加利福尼亞人在討論會上教人們如何不生氣。卡爾森把防止激動的方法歸結為這樣的話：「請冷靜下來！要承認生活是不公正的，任何人都不是完美的，任何事情都不會按計畫進行。」「應激反應」這個詞從六十多年前起才被醫務人員用來說明身體和精神對極端刺激（噪音、時間壓力和衝突）的防衛反應。

埃森醫學心理學研究所所長曼弗雷德．舍德洛夫斯基說：「短時間的應激反應是無害的。」他說：「使人受到壓力是長時間的應激反應。」他的研究所的調查結果表明：百分之六十一的德國人感到在工作中不能勝任，有百分之三十的人因為覺得不能處理好工作和家庭的關係而有壓力，百分之二十的人抱怨同上級關係緊張，百分之十六的人說在路途中精神緊張。

理查．卡爾森的一條黃金規則是：「不要讓小事情牽著鼻子走。」他說：「要冷靜，要理解別人。」他的建議是：表現出感激之情，別人會感覺到高興，你的自我感覺會更好。

學會傾聽別人的意見，這樣不僅會使你的生活更加有意思，而且別人也會更喜歡你。每天至少對一個人說你為什麼賞識他，不要試圖把一切都弄得滴水不漏；不要老是糾正別人，常給陌生人一個微笑，不要打斷別人的講話，不要讓別人為你的不順利負責；要接受事情不成功的事實，天不會因此而塌下來；請忘記事事都必須完美的想法，你自己也不是完美的。這樣生活會突然變得輕鬆許多。

當你抑制不住生氣時，你要問自己：一年後生氣的理由是否還那麼重要？這會使你對許多事情得出正確的看法。

從前，有一個脾氣很壞的男孩。他的爸爸給了他一袋釘頭被磨圓了的釘子，告訴他，每次發脾氣或者跟人吵架的時候，就在院子的籬笆上釘一根。第一天，男孩花了大量的時間釘了三十七根釘子。後面的幾天，他學會了控制自己的脾氣，每天釘的釘子也逐漸減少了。他發現，控制自己的脾氣，實際上比釘釘子要容易得多。

終於有一天，他一根釘子都沒有釘，他高興地把這件事告訴了爸爸。爸爸說：「從今以後，如果你一天都沒有發脾氣，就可以在這天拔掉一根釘子。」日子一天一天過去，最後，釘子全被拔光了。

爸爸帶他來到籬笆邊上，對他說：「兒子，你做得很好，可是看看籬笆上的釘子洞，這些洞永遠也不可能恢復了。就像你和一個人吵架，說了些難聽的話，你就在他心裡留下了一個傷口，像這個釘子洞一樣。」插一把刀子在一個人的身體裡，再拔出來，傷口就難以癒合了。無論你怎麼道歉，傷口總是在那兒。

要知道，身體上的傷口和心靈上的傷口都一樣難以恢復。你的朋友是你寶貴的財產，他們讓你開懷，讓你更勇敢，他們總是隨時傾聽你的憂傷。你需要他們的時候，他們會支持你，向你敞開心扉。告訴你的朋友你多麼愛他們，告訴所有你認為是朋友的人。

生活中，面對不同的環境，不同的對手，有時候採用何種手段已不太關鍵，而保持好自己的情緒才至關重要。

每個人都有自己的情緒，而情緒是一種滑溜的東西，有時滑溜得讓人捉摸不到，但是，不管怎麼滑溜，你都要想辦法將它捏得緊緊的。因為這關係到你能否在社會上遊刃有餘地生存。

網上流傳著這樣一篇題為《感恩》的詩體文：

如果你是丈夫，請不要為今晚的菜難嚥生氣，至少，太太在身邊，而沒有到外面找人。

如果你是妻子，請不要為老公當個「沙發上的馬鈴薯」而生氣，至少，他和你在一起，而沒有出去泡酒吧。

如果你是家長，請不要為女兒拒絕洗碗而生氣，至少，她待在家裡，而沒有上街胡鬧。

如果你剛剛開完派對，請不要對著小山似的碗碟生氣，至少，這證明你有許多朋友。

如果你嫌身上的衣服太緊，那就想，這證明我不曾挨餓。

如果你嫌有人老是像影子，嚴密地監視你幹活，你要想，影子只證明我站在陽光之下。

如果你要停車，在老遠的角落找到車位，你該想，這是因為你步履矯健，何況停車前開車一路順當。

如果一位女士在你背後大聲唱歌卻走了調，不要抱怨，這證明你的聽力良好。

不要為洗熨大堆的衣服發愁，這證明你在穿著上不成問題。

不要因為「E-MAIL」（電子郵件）塞滿了信箱而皺眉，這證明你的朋友滿天下。

人生的格局也許難以改變，怎麼看它卻隨你。對著桌上的杯子，你可以心疼：「唉，就剩半杯水了。」也可以慶幸：「咳，還好，還有半杯水。」

釋放怒氣不僅是種方法技巧，更重要的是精神修養。加強自身修養，開闊心胸，提高心理承受能力，使自己成為少生氣和快消氣的樂天派。

人生感悟

同樣的事情換一個角度看就可以使我們精神愉悅。控制自己情緒，釋放潛在的怒氣或許不像想像中那麼難，只要一點點無處不宜、無時不宜的阿Q精神勝利法，生活可以更美好。

巧於取捨，才能有最大收穫

春秋時代思想家孟子曾經說過：「魚亦我所欲也，熊掌亦我所欲也，二者不可得兼，舍魚而取熊掌者也。」對於生活中的取捨，有時表面上看起來會令你有損失，但實際上善於取捨，往往可以避免更大的損失。在數學上，當遇到一個除不盡的數時，我們要去取捨；有時為了事情的必要，也要去取捨；在選擇題前，也要為了最恰當的答案進行取捨；現實生活中，也是這樣。

不懂得取捨，即無策略可言。不懂得取捨，企業就會變得脆弱。

著名企業家柳傳志曾說過：「如果有一個項目，首先要考慮有沒有人來做。如果沒有人做，就要放棄，這是一個必要條件。」

有這樣一個故事：一個青年向一位富翁請教成功之道。富翁拿了三塊大小不等的西瓜放在青年面前說：「如果每塊西瓜代表一定程度的利益，你選哪塊？」

「當然是最大的那塊！」青年毫不猶豫地回答。富翁笑了笑說：「那好，請吧！」

富翁把那塊最大的西瓜遞給了青年，而自己吃起了最小的那塊。

很快富翁就吃完了，隨後拿起書桌上的最後一塊西瓜得意地在青年面前晃了晃，大口吃了起來。

青年馬上明白了富翁的意思：富翁吃的瓜雖然不比他的瓜大，卻比他吃得多。如果代表一定程度的利益，那麼富翁占的利益自然就更多。做企業就像吃西瓜，要想使一個企業有大的發展，管理者就要有戰略的眼光，要學會放棄，只有放棄眼前的誘惑，才能獲得長遠的利益。

取捨就是抉擇，取其精華去其糟粕；取捨就是放開，懷念開心的時刻，忘記傷心的事；取捨就是人生，總有得有失，變幻無窮。

粗略地想一下，每個人的一生有八十年的時間供自己揮霍，而對於浩瀚的歷史長河，這個時間又是這麼短暫，稍縱即逝。因此，在這有限的生命裡，我們不可能做到一切我們想做的，得到一切我們想要的。每當那時，我們就要學會取捨。

「知有取捨，改弦易轍」——知識的吸收要有所取捨，取其精華，去其糟粕。

生活亦是如此。有一隻很有名氣的猴子想必我們都會熟悉。牠被我們總結成「撿了芝麻丟了西瓜」。那猴子為何不找個袋子把桃子、玉米、西瓜、芝麻全都裝起來帶回家呢？這樣固然是最好的結局，誰都希望，但生活中不能預料的事常有發生，像猴子找不到袋子不能滿載而歸的情況隨時會出現，這時是像猴子那樣每種東西都想要，結果卻落得一無所有的結局，還是學會取捨，把握自己的實際能力，最終有所收穫呢？這是一道最簡單不過的選擇題，而取捨的道理就在其中。

有一個人在沙漠中行走了兩天。途中遇到暴風，一陣狂沙吹過之後，他已認不得正確的方向。正當快撐不住時，突然，他發現了一幢廢棄的小屋。他拖著疲憊的身子走進了屋內。這是一間不通風的小屋子，裡面堆了一些枯朽的木材。他幾近絕望地走到屋角，卻意外地發現了一座抽水機。

他興奮地上前汲水，卻任憑他怎麼抽水，也抽不出半滴來。他頹然地坐在地上，卻看見抽水機旁，有一個用軟木塞堵住瓶口的小瓶子，瓶上貼了一張泛黃的紙條，紙條上寫著：你必須用水灌入抽水機才能引水！不要忘了，在你離開前，請再將水裝滿！他拔開瓶塞，發現瓶子裡果然裝滿了水！

他的內心，此時開始交戰著——

如果自私點，只要將瓶子裡的水喝掉，他就不會渴死，就能活著走出這間屋子！

如果照紙條做，把瓶子裡僅餘的水，倒入抽水機內，萬一水一去不復回，他就會渴死在這地方了——到底要不要冒險？

最後，他決定把瓶子裡的水全部灌入看起來破舊不堪的抽水機裡。然後他以顫抖的手汲水，水真的大量湧了出來！

他將水喝足後，把瓶子裝滿水，用軟木塞封好，然後在原來那張紙條後面，再加他自己的話：相信我，真的有用。

對於生活中的取捨，有時表面上看起來會令你有損失，但實際上善於取捨，往往可以避免更大的損失。我就有過一段這樣的經歷：在一次普通的數學考試中，我面對滿張的題目，一時間無從下手，但當我決定放棄一部分題目只專心於自己會做的題目時，考出的分數竟比都答完的同學的分數高！因此，學會取捨，我們往往會收穫更多。

人生感悟

人的生命只有一次。在明智的取捨中度過一生，才會無悔。與其花費一生的時間與精力去走馬觀花，不如放棄一些東西，去做對於自己來說最重要的、最有把握的事。面對任何事情都不要鑽牛角尖，要冷靜分析，要巧於取捨，才是最好的辦法，才能得到最大的收穫。

減法生活，讓快樂加倍

有時，生活中的減法實際上是加法。譬如我有一堆水果，我把它們分一些給我的朋友，水果數減少了，但我得到了比水果更為珍貴的友誼，同時自己也得到了分享的快樂。減少了物質，卻加上了精神財富。

當今世界上最有錢的兩個人——微軟總裁比爾．蓋茨與股神巴菲特都決定將自己財產中的大部分捐獻給慈善事業。許多人對此極不理解，甚至有人認為他倆瘋了。其實，真正瘋了的人是那些為富不仁的人，他們根本就不明白真正的生活哲學。而比爾．蓋茨和巴菲特卻深知其中之道，他們散盡自己的家產，錢少了，卻將愛灑遍世界，使世界變得更加美好。他們本人也得到全世界人民的尊敬，他們做的是減法，實際上卻是加法。

有人說：同行是冤家，只有競爭，沒什麼合作。事實上並非完全如此，郭台銘就曾經把自己到手的訂單分給同行，與同行攜手並進。這還得從頭說起：

僅用了短短幾年時間，郭台銘就將自己所屬的鴻海精密集團辦成了台灣首屈一指的大企業。經過艱辛的打拚，他的企業終於步入了正軌，世界各地的訂單如同雪片一樣飛來，企業利潤也跟著迅速增長。這年年初，郭台銘接到一筆大訂單，企業的高層為這個訂單興奮得睡不著覺。一旦順利完成這個訂單，集團將迅速擴大，足以傲視群雄。就在集團上下摩拳擦掌，所有人都卯足了勁準備大幹一場的時候，郭台銘卻突然做出了一個讓大家意想不到的決定：他已經向幾個關係不錯的同行發出邀請，希望大家能和他一起完成這筆訂單。

郭台銘剛剛宣佈他的這個決定時，集團裡立即響起一片反對聲，都說到了嘴邊的肥肉，誰還願意和別人分享？在股東大會上，郭台銘耐心地向大家解釋自己這個決定的來由。他說：「我們的利潤正高速增長著，可我們和同行之間的關係卻越來越差。很多同行的生意已經到了舉步維艱的程度，對我們的抱怨也越來越多。我們不僅要想著怎麼賺錢，也要學會和別人一起賺錢，為我們營造一個更好的經營環境。」

郭台銘的舉動在當時產生了巨大的影響。人們被他的行為深深地震撼了，他和他的企業也迅速成為人們茶餘飯後談論的焦點。

若干年以後，郭台銘的經營遭遇到了一場危機。當企業陷入困境時，當初郭台銘幫助過的同行們紛紛伸出援助之手。有很多根本不認識郭台銘的人，也竭盡所能地給予幫助。那次的危機讓郭台銘的企業再次成了萬眾矚目的焦點，人們驚奇地發現，這個商人的人緣和魅力，居然可以使他得到那麼多人的幫助。

一個和郭台銘有多年生意往來的朋友，在接受記者採訪時說道：「像郭台銘這樣重情重義的人，如果不幫他，我的良心會不安。」

郭台銘今天能夠成為台灣首富，和他這種顧全大局的思維方式是密不可分的。一個普通的商人只會關心自己賺錢多少，而一個商業大家考慮的則是方方面面的收益，這就是成功和偉大之間的差距。有些人生意是做得很成功，可他卻很少獲得他人的認可，根本不可能成為真正意義上的成功商人。

人生感悟

生活中的減法，亦減亦加，我們要懷著真、善、美去實現加法。

分享快樂，快樂會在分享中加倍；分享憂傷，憂傷會在分享中減輕。這是我們耳熟能詳的哲言，可塵世中又有幾個人能真正做到呢？

簡單就是快樂

快樂，就是活得簡單、活得坦然、活得充實、活得自在。

一天晚上時過半夜，智通和尚突然大叫：「我大悟了！我大悟了！」

他這一叫驚醒了眾多僧人，連禪師也被驚動了。眾人一起來到智通的房間，禪師問：「你悟到什麼了？居然這個時候大聲吵嚷，說來聽聽！」

眾僧以為他悟到了高深的佛旨，沒想到他卻一本正經地說道：「我日思夜想，終於悟出了——尼姑原來是女人做的。」

剛說完，眾僧就哄堂大笑，「這是什麼大悟呀，我們大家都知道的呀！」

但是禪師卻驚異地看著智通，說：「是的，你真的悟到了！」

智通和尚立刻說道：「師父，現在我不得不告辭了，我要下山雲游去。」

眾僧又是一驚，心裡都認為：這個小和尚實在是太傲慢了，悟到「尼姑是女人做的」這麼簡單的道理也沒什麼稀奇的，卻敢以其為由要求下山雲游，真是太目中無人了，竟敢對師父這麼無理，可惡！

然而，禪師卻不這樣認為，他覺得智通到了下山雲游的時候了，於是也不挽留他，提著斗笠，率領眾僧，送他出寺。到了寺門外，智通和尚接過了禪師給他的斗笠，大步離去，再也沒有任何留戀。

眾僧都不解地問禪師：「他真的悟到了嗎？」

禪師感嘆道：「智通真是前途無量呀！連『尼姑是女人做的』都能參透，還有什麼禪道悟不出來的呀？雖然這是眾人皆知的道理，但是有誰能從這裡悟出佛理呢？這句話從智通的嘴裡說出來，蘊涵著另一種特殊的意義——世間的事理，一通百通啊。」

世界上的事，無論看起來是多麼複雜神秘，其實道理都是很簡單的，關鍵在於是否看得透。生活本身很簡單，快樂也很簡單，是人們自己把它們想得複雜了，或者是人們自己太複雜了，所以往往感受不到簡單的快樂。他們弄不懂生活的意義。

在古希臘，有一群年輕人到處尋找快樂，但是，卻遇到許多的煩惱、憂愁、痛苦。

於是他們就向老師蘇格拉底詢問：「快樂到底在哪裡？」

蘇格拉底說：「你們還是先幫我造一條船吧！」

年輕人們就暫時把尋找快樂的事放到一邊，找來造船的工具，用了七七四十九天，鋸倒了一棵又高又大的樹，挖空樹心，忙忙碌碌地造成了一條獨木船。

終於獨木船可以下水了。年輕人們把老師請上船，一邊合力划船，一邊齊聲唱起歌來。這時，蘇格拉底便問：「孩子們，你們快樂嗎？」

年輕人們氣盛地回答：「快樂極了！」

蘇格拉底接著說：「快樂就是這樣，它往往在你為著一個明確的目標忙得無暇顧及其他的時候，就不知不覺地來到了。」

這群年輕人因為生活得簡單與專注，所以能感覺到充實而快樂！

簡單就是剔除生活中繁複的雜念、拒絕雜事的紛擾；簡單也是一種專注，叫作「好雪片片，不落別處」。

生活中經常聽一些人感嘆煩惱多多，到處充滿著不如意；也經常聽到一些人總是抱怨無聊，時光難以打發。其實，生活是簡單且豐富多彩的。痛苦與無聊的是人們自己而已，跟生活本身無關。所以是否快樂、是否充實就看你是怎樣看待生活、發掘生活的。如果覺得痛苦、無聊、人生沒有意思，那是因為你不懂得快樂的本質！

人生感悟

快樂是簡單的，它是一種自釀的美酒，是自己釀給自己品嚐的；它是一種心靈的狀態，是要用心去體會的。簡單地活著，快樂地活著，你會發現快樂原來就是：「眾裡尋他千百度，驀然回首，那人卻在燈火闌珊處。」

人生中的減法

作　　者　木木

發 行 人　林敬彬
主　　編　楊安瑜
編　　輯　王艾維
內頁編排　王艾維
封面設計　彭子馨（Lammy Design）

出　　版　大都會文化事業有限公司
發　　行　大都會文化事業有限公司
11051 台北市信義區基隆路一段 432 號 4 樓之 9
讀者服務專線：（02）27235216
讀者服務傳真：（02）27235220
電子郵件信箱：metro@ms21.hinet.net
網　　　址：www.metrobook.com.tw

郵政劃撥　14050529 大都會文化事業有限公司
出版日期　2014 年 07 月初版一刷
定　　價　280 元
I S B N　978-986-5719-17-3
書　　號　Growth-073

國家圖書館出版品預行編目 (CIP) 資料

人生中的減法 / 木木主編.
-- 初版. -- 臺北市：大都會文化, 2014.06
320 面；14.8×21 公分
ISBN 978-986-5719-17-3（平裝）

1. 人生哲學 2. 通俗作品

191.9　103009097

大都會文化　讀者服務卡

書名：**人生中的減法**

謝謝您選擇了這本書！期待您的支持與建議，讓我們能有更多聯繫與互動的機會。

A. 您在何時購得本書：______年______月______日

B. 您在何處購得本書：___________書店，位於___________(市、縣)

C. 您從哪裡得知本書的消息：

1.□書店　2.□報章雜誌　3.□電台活動　4.□網路資訊

5.□書籤宣傳品等　6.□親友介紹　7.□書評　8.□其他

D. 您購買本書的動機：（可複選）

1.□對主題或內容感興趣　2.□工作需要　3.□生活需要

4.□自我進修　5.□內容為流行熱門話題　6.□其他

E. 您最喜歡本書的：（可複選）

1.□內容題材　2.□字體大小　3.□翻譯文筆　4.□封面　5.□編排方式　6.□其他

F. 您認為本書的封面：1.□非常出色　2.□普通　3.□毫不起眼　4.□其他

G. 您認為本書的編排：1.□非常出色　2.□普通　3.□毫不起眼　4.□其他

H. 您通常以哪些方式購書：(可複選)

1.□逛書店　2.□書展　3.□劃撥郵購　4.□團體訂購　5.□網路購書　6.□其他

I. 您希望我們出版哪類書籍：（可複選）

1.□旅遊　2.□流行文化　3.□生活休閒　4.□美容保養　5.□散文小品

6.□科學新知　7.□藝術音樂　8.□致富理財　9.□工商企管　10.□科幻推理

11.□史地類　12.□勵志傳記　13.□電影小說　14.□語言學習（____語）

15.□幽默諧趣　16.□其他

J. 您對本書（系）的建議：

K. 您對本出版社的建議：

讀者小檔案

姓名：______________ 性別：□男　□女　生日：____年____月____日

年齡：□20歲以下 □21～30歲 □31～40歲 □41～50歲 □51歲以上

職業：1.□學生 2.□軍公教 3.□大眾傳播 4.□服務業 5.□金融業 6.□製造業

7.□資訊業 8.□自由業 9.□家管 10.□退休 11.□其他

學歷：□國小或以下 □國中 □高中／高職 □大學／大專 □研究所以上

通訊地址：______________________________

電話：（H）______________（O）______________ 傳真：______________

行動電話：__________________E-Mail：______________________

◎謝謝您購買本書，歡迎您上大都會文化網站（www.metrobook.com.tw）登錄會員，或至Facebook（www.facebook.com/metrobook2）為我們按個讚，您將不定期收到最新的圖書圖書訊息與電子報。

人生中的減法

北區郵政管理局
登記證北台字第9125號
免　貼　郵　票

大都會文化事業有限公司讀者服務部　收

11051台北市基隆路一段432號4樓之9

寄回這張服務卡〔免貼郵票〕
您可以：
◎不定期收到最新出版訊息
◎參加各項回饋優惠活動

大都會文化
METROPOLITAN CULTURE

大都會文化
METROPOLITAN CULTURE

大都會文化
METROPOLITAN CULTURE

大都會文化
METROPOLITAN CULTURE